La radice di tutti i mali economici

economici

di *Frank Chodorov*

Indice generale

Capitolo 1: Il giogo di Salomone

Ci viene detto – in 1 Re, Capitolo 12 – che il popolo d'Israele chiese al suo nuovo re, Roboamo, figlio di Salomone, di sollevarlo dal "giogo" che il padre impose loro. Il "giogo", apprendiamo dalla storia, rappresentava il costo per mantenere l'establishment; si trattava di un'imposta sul reddito.

La metafora del "giogo" per rappresentare l'imposta sulla produzione di qualcuno è davvero intrigante; ci mostra come la mente sia diligente senza il peso dell'erudizione. Il giogo simboleggia le bestie da soma, che, ovviamente, non hanno diritti di proprietà. Quando l'essere umano è similmente privato di ciò che ha prodotto – l'essenza dell'imposta sul reddito – è *de facto* declassato allo status di un bue. Gli israeliti, che sostenevano essere stati creati ad immagine di Dio, percepivano l'oltraggio; non volevano alcun "giogo".

La storia va avanti con Roboamo che promise di assecondare le suppliche dei suoi sudditi. Infatti ne parlò coi suoi ministri. Ciò che gli dissero non si sa, ma possiamo supporre dalla sua decisione che lo dissuasero dal ridurre la tassa sul reddito; dopo tutto i ministri dovevano essere sostenuti allo stesso modo in cui vengono sostenuti i burocrati. Così, dopo averci pensato per tre giorni, Roboamo disse: "Mentre mio padre vi cinse di un giogo pesante, io lo renderò ancor più pesante: mio padre vi strigliava con la frusta, io vi striglierò con scorpioni". Qualunque sia il modo di frustare con gli scorpioni, non sarà di certo gradito da chi viene frustato.

E questo è qualcosa che potreste ricordare quando un agente dell'Internal Revenue Department vi striglia per non aver incluso nella vostra dichiarazione dei redditi le vincite al poker, o le mance che avete ricevuto come camerieri al ristorante. Le cose potrebbero andare peggio rispetto a quanto lo sono adesso: potremmo essere frustati con gli scorpioni.

Apprendiamo da questo passaggio biblico che la tassazione dei redditi è una vecchia abitudine. Gli storici ne hanno scoperto traccia anche nell'antico Egitto, nel 1580 a.C. A quei tempi il Grand Vizier non pose un'imposta sui redditi dei suoi sudditi, ma sui redditi dei funzionari pubblici; dal momento che questi ultimi non avevano niente di loro da tassare – i funzionari pubblici non sono produttori – i loro fondi tassabili consistevano nelle multe che potevano riscuotere dalla popolazione produttrice. Era una fattoria delle tasse. C'è qualcosa da dire in favore di quel sistema. Dal momento che l'esattore delle tasse prende per primo la sua "parte", non può mai essere accusato di accettare tangenti – un'accusa che qualche volta viene mossa contro gli agenti del nostro Internal Revenue Bureau.

Anche l'evasione dell'imposta sul reddito, attraverso relazioni fasulle, non è affatto un'invenzione moderna. Gibbon documenta l'uso di punizioni fisiche nell'antica Roma, fino al quarto secolo dell'era cristiana, per far confessare gli evasori. Oggi non arriviamo a questo, ma un evasore fiscale viene comunque sbattuto in una fredda cella di prigione.

Per qualcosa di alquanto differente riguardo l'imposta sul reddito, dobbiamo ancora una volta rivolgerci alla Bibbia.

Alcuni degli israeliti furono così risentiti circa il "giogo" che quando il capo degli esattori delle tasse di Roboamo, un certo tipo chiamato Adoramo, passò in mezzo a loro, lo accolsero con una pioggia di sassi tanto da "ucciderlo". Diciamo che fu un'accoglienza molto dura per Adoramo e la sua famiglia, e non la raccomandiamo per gli agenti dell'Internal Revenue Bureau. Nell'ultima parte di questo libro – che parlerà dell'*immoralità* dell'imposta sul reddito – verrà suggerito un modo molto più efficace per liberarsi del "giogo" che ha gravato sugli americani sin dal 1913. A patto che, ovviamente, essi vogliano liberarsene; a patto che abbiano quel senso di amor proprio e dignità che caratterizzava gli israeliti.

Capitolo 2: Dal punto di vista politico, cos'è il "male"?

Il sottotitolo di questo libro è "la radice di tutti i mali".

Se c'è un "male" ci dev'essere un "bene" – poiché l'uno è l'opposto dell'altro. Di conseguenza dobbiamo definire il "bene" in modo da stabilire il fatto che esista un "male". Non è necessario provare che il "bene" sia veramente un bene per tutte le persone in tutte le circostanze – in breve, che sia il Paradiso. Si potrebbe dire qualcosa di una tale tesi, ma questo libro – che si occupa dell'imposta sul reddito e dei suoi effetti sulla nostra vita sociale, economica e politica – non se ne preoccupa. Per soddisfare il nostro scopo è necessario concordare su una definizione di "bene" in modo da poterne identificare l'opposto.

La tradizione giudeo-cristiana sostiene che secondo la morale tutto ciò che è "bene" è stato stilato dai Dieci Comandamenti, ed infrangerli significa fare del "male". Ci sono state civiltà in cui l'adulterio, il furto e addirittura l'omicidio erano considerati all'ordine del giorno, non degni di punizione né di lode, e in queste civiltà i Dieci Comandamenti, se conosciuti, non avevano alcun peso. Possiamo affermare che il nostro codice morale ci permette di vivere una vita migliore ed è pertanto superiore a qualsiasi codice delle civiltà primitive. Il punto è che i Dieci Comandamenti, sebbene scritti in Paradiso, devono essere compresi ed accettati sulla Terra prima che possiamo tracciare una linea netta tra "bene" e "male".

Secondo la tradizione politica americana, che sostiene uan certa affinità con la morale giudeo-cristiana, tutto ciò che è "male" viola la dottrina dei diritti naturali, come esposti nella Dichiarazione d'Indipendenza. Siamo d'accordo su ciò. Siamo anche d'accordo – se accettiamo la tradizione – che la fonte di questi diritti è Dio; il che significa che dopo esserci grattati la testa per cercare una spiegazione alternativa a questa, e non avendone trovata alcuna, abbiamo fatto ricorso alla "natura delle cose". La tradizione americana basa le sue fondamenta sulla premessa che l'essere umano sia dotato di diritti sin dalla nascita; è ciò a renderlo umano. Di conseguenza qualsiasi azione politica che tenta di violare questi diritti, viola la sua umanità e quindi diventa "malvagia". Per dirla in un altro modo, qualsiasi azione politica che ignora i diritti umani inalienabili disprezza Dio. La Costituzione degli Stati Uniti è uno strumento partorito dall'uomo; non ha altra sanzione. Tuttavia ha conquistato nell'immaginario degli americani il metro di misura del "bene", perché venne creata come uno strumento pratico per prevenire trasgressioni dei nostri diritti, dallo stato o da altri cittadini. Nel corso degli anni la Costituzione ha iniziato ad essere considerata l'angelo custode dei nostri diritti. Quando un americano afferma, secondo la sua opinione, che una legge o un funzionario agisce in modo "anti-costituzionale" – anche se la Corte Suprema non ha così sentenziato – non è detto che possa dirlo seguendo alla lettera la Costituzione; è più probabile, invece, che il suo giudizio sia basato su quello che potremmo chiamare spirito di tal strumento. Di certo un emendamento della Costituzione non può essere definito "anti-costituzionale"; ciononostante se l'emendamento va a violare lo scopo originale della Costituzione, il cittadino non esista a sottolinearlo.

Un buon esempio fu il Diciottesimo Emendamento che, dopo tredici anni, venne criticato apertamente perché dava allo stato il potere di controllare ciò che potevano bere i cittadini; i loro diritti erano invasi.

La Costituzione è tenuta in grande considerazione solo perché gli americani tengono in gran conto i diritti naturali. Qualsiasi legge, pratica politica, o addirittura emendamento che infrange questi diritti viene automaticamente definito "anticostituzionale". La violazione è "male".

Con la definizione di "male" in mente, è scopo di questo libro mostrare che molte leggi e pratiche statali ne sono pingui, e tracciare questa violazione dei nostri diritti al potere acquisito dallo stato nel 1913 di tassare i nostri redditi – il Sedicesimo Emendamento. Questa è la "radice". Inoltre verranno presentate prove a supporto della tesi che il "male" ha raggiunto il punto in cui la dottrina dei diritti naturali è stata abrogata in pratica, se non anche in teoria.

Di conseguenza il tipo di governo che abbiamo oggi è differente da quello prospettato dai Padri Fondatori; sta diventando un apparato che si crede la fonte dei diritti, e ce li concede e ritira a suo piacimento. La trasformazione non è ancora completa, ma pare proprio non essere così lontana – se non verrà fatto nulla per prevenirla.

Se verrà fatto qualcosa per fermare la tendenza "anticostituzionale" dipende da quanto il "male" sia penetrato in profondità nelle coscienze del popolo americano. Un male non è solo qualcosa che ci viene fatto; più spesso è qualcosa che noi facciamo a noi stessi, consciamente o per debolezza.

Un ubriaco potrebbe acquisire la sua cattiva abitudine dai suoi amici, o potrebbe portarla avanti senza influenza esterna.

Nel caso della tassazione dei redditi, mostreremo come essa sia acclamata e supportata da ampi segmenti della società; lo stato non fa altro che elargire il male. Un popolo che ottiene qualcosa in cambio di niente grazie allo stato non può cavillare sulla violazione dei propri diritti da parte dello stato; infatti se il prezzo richiesto per le regalie è la cessione dei diritti, sono propensi a pagarlo. Ci sono prove che questo scambio può essere proposto perché lo stato può finanziarlo attraverso le entrate provenienti dalle imposte sui redditi.

Quando un "male" diventa abituale, tende a perdere il suo valore negativo e nella mente degli uomini tende a diventare un "bene". E così oggi sentiamo tessere le lodi per quel tipo di governo che i Padri Fondatori volevano scongiurare; cioè, un establishment paternalistico che governa una popolazione sottomessa. *Un vizio è stato praticamente trasformato in una virtù.* Questa trasmutazione di valori politici è stata accompagnata da una trasmutazione di valori morali: le persone che non hanno diritti, non hanno neanche libero arbitrio; o al limite non c'è libero arbitrio (come nel caso degli schiavi) quando uno stato paternalistico afferma l'obbligo della vita. Perché, per esempio, qualcuno dovrebbe esprimere solidarietà quando c'è lo stato che provvede agli sfortunati e agli incompetenti? Perché qualcuno dovrebbe essere onesto quando tutto ciò che è necessario per "campare" è obbedire alla legge? Perché qualcuno dovrebbe pensare al futuro di qualcun altro quando il pensiero potrebbe essere lasciato nelle mani di uno stato?

E con uno stato che fornisce istruzione "gratuita", anche gli obblighi dei padri nei confronti dei propri figli possono essere rimossi.

Così la morale giudeo-cristiana è sotto costante deterioramento a causa del "male" che s'è infiltrato nella nostra vita politica. Che lo stato si diventato più corrotto è solo casuale rispetto a questo deterioramento generale; stando così le cose, il nostro comportamento nei confronti di tale corruzione finisce per cambiare: *il peccato mortale diventa un peccato venale sotto la forza dell'abitudine.* Né i Dieci Comandamenti possono arginare la trasformazione dei nostri atteggiamenti sociali e politici, poiché quel popolo a cui vengono negati i diritti, o che li cedono, ha una misera personalità.

Questo trattato sul Sedicesimo Emendamento procederà secondo queste linee:
In conseguenza di questa legge il nostro governo sta rinnegando la tradizione americana.
I valori individuali e sociali stanno subendo una trasmutazione.
In breve, l'America non è più l'America della Dichiarazione d'Indipendenza.
Infine, e forse più importante, dovremmo suggerire un modo per invertire questa tendenza e ristorare il "bene" della nostra tradizione.

Capitolo 3: Ciò che è vostro in realtà non è vostro

Ci sono tasse e tasse. Tutte si somigliano per due aspetti: sono obbligatorie ed inficiano sulla produzione. "La tassazione", dice l'*Enciclopedia Britannica*, "è quella parte delle entrate dello Stato che si ottiene da un pagamento obbligatorio e deve essere pagata da tutti".

Ciononostante la parte in cui si menziona l'obbligatorietà ed il comune fardello è di solito divisa in due parti: diretta e indiretta. La ragione di questa classificazione è insita nel metodo di raccolta; ma l'effetto delle tasse dirette sugli affari pubblici le rende differenti.

Le tasse indirette vengono chiamate così perché il governo non le ottiene direttamente dal contribuente; vengono raccolte da mercanti e produttori che recuperano le loro spese dai clienti attraverso i prezzi dei beni e servizi. *Tutte le tasse indirette vengono caricate sul prezzo.* Le più importanti tra queste tasse indirette sono i dazi e le accise. I dazi vengono pagati dall'importatore, il quale trasferisce il balzello al suo cliente, che a sua volta trasferisce il costo sul prezzo che chiederà al suo di cliente e così via fino a quando l'ultimo consumatore non assorbirà la spesa originaria dell'importatore più tutti i profitti che sono stati raccolti in ogni passaggio. Le accise, come quelle sui tabacchi e gli alcolici, vengono raccolte attraverso la vendita di timbri e licenze. Allo stesso modo le imposte sulla merce venduta ricadono sul prezzo dei beni.

Le tasse indirette servono solamente a raccogliere denaro; non c'è nessun altro scopo alla base della loro esistenza. Infatti spingono il cittadino a sostenere le strutture statali in base all'ammontare del suo consumo. È come se lo Stato dicesse al cittadino: "Scusi, buon uomo, ma ci servono i soldi per finanziare le nostre operazioni politiche e non abbiamo altro modo di finanziarle se non attraverso le tue tasche; ti allevieremo il fardello del pagamento nascondendo queste tasse nel prezzo dei beni che compri". Lo Stato non mette in discussione il diritto del cittadino alla sua proprietà. Il cittadino non deve necessariamente pagare queste tasse; può farne a meno. Questo ragionamento non si applica alle tasse dirette, le più conosciute delle quali sono quelle imposte sull'eredità e sul reddito. (Un'altra è la tassa sui terreni, di cui però non parleremo perché interessa poco lo scopo di questo libro.) Ad eccezione delle deduzioni sulle buste paga, uno strumento impiegato dallo Stato per la raccolta certa e facile delle tasse sui salari, le tasse dirette vengono pagate direttamente allo Stato. Non sono imposte sui prezzi pagati dai consumatori, anche se, come vedremo in seguito, influenzano il suo standard di vita in modo decisamente significativo.

Le tasse sui redditi e l'eredità rappresentano la negazione della proprietà privata e per questo motivo sono diverse per principio da tutte le altre tasse.

Il governo dice al cittadino: "I tuoi guadagni non sono esclusivamente tuoi; possiamo rivendicarli e abbiamo la precedenza su di te; ti permetteremo di tenerne un po', perché comprendiamo le tue necessità, non i tuoi diritti; ma qualunque cosa ti permettiamo di tenere rimane sempre nostra decisione". Non è un'esagerazione.

Date un'occhiata alle scartoffie che per legge dovete compilare per quanto riguarda l'imposta sul reddito e capirete che l'ammontare detraibile e quello da conservare è impostato arbitrariamente dal governo. Al di là di queste esenzioni, il governo deciderà quale percentuale di ciò che rimane risulterà sua. Le briciole sono vostre. La percentuale di cui si approprierà aumenta anno dopo anno, e le esenzioni diminuiscono anno dopo anno.[1] L'ammontare di ciò che potete trattenere è determinato dalle necessità dello Stato. Il diritto di decidere sulla vostra proprietà è garantito allo Stato in base al Sedicesimo Emendamento della Costituzione:

"Il Congresso ha il potere di imporre e raccogliere tasse sui salariati, da qualsiasi fonte provengano, senza ripartizione tra i vari stati e senza riguardo alcuno per censo e conteggio".[2]

L'emendamento non pone limiti alla confisca da parte dello Stato. Quest'ultimo può, per legge, prendere tutto quello che un cittadino guadagna, anche se si trattasse di privarlo della sua sussistenza, elemento necessario se si vuole che produca qualcosa affinché possa essere confiscata.

---

1 Nel 1913 una singola persona, senza diritto ad esenzioni, pagava una tassa di $20 su un reddito di $5000. Una persona simile nel 1951 ne pagava $964. Il paragone è ancor più sconcertante quando viene preso in considerazione il potere d'acquisto del dollaro.

2 La ripartizione delle tasse tra i vari stati in base alla popolazione fu una regola inserita nella Costituzione al fine di impedire che gli stati più ricchi venissero colpiti più degli altri. Inoltre impediva agli stati più popolosi di colpire quelli con una popolazione più sparsa. In entrambi i casi questa regola imponeva una distribuzione equa delle tasse secondo il loro consumo e impediva l'accanimento sui cittadini facoltosi, o per lo stesso motivo, di religione diversa, affiliazione politica o altra identificazione personale. Questa regola era un argine contro l'imposta sul reddito.

In qualsiasi modo lo si guarda questo emendamento, la sostanza è che permette al governo d'avere una corsia preferenziale su tutta la proprietà prodotta dai suoi sudditi.

In breve, quando questo emendamento divenne parte della Costituzione nel 1913, venne violato negli Stati Uniti il diritto assoluto alla proprietà.

Questa, ovviamente, è l'essenza del socialismo. Qualunque altra cosa sia il socialismo, o si dice che sia, il suo primo dettame è la negazione della proprietà privata. Tutti i tipi di socialismo, e ce ne sono tanti, concordano sul fatto che i diritti di proprietà debbano essere conferiti all'establishment politico. Nessuna delle idee che si identificano con questa ideologia, come la nazionalizzazione delle industrie, o la socializzazione del sistema sanitario, o l'abolizione della libera scelta, o la pianificazione dell'economia, possono diventare operative se il governo riconosce il diritto dell'individuo alla sua proprietà. È per questa ragione che *tutti i socialisti, sin da Karl Marx, hanno invocato la tassazione dei redditi, quanto più pesante possibile.*[3] Quando il Sedicesimo Emendamento divenne parte della Costituzione, l'ordine politico americano, che si basava sull'assioma dei diritti inviolabili, subì un profondo cambiamento. Il grande dibattito nella Convenzione Costituzionale del 1789 si domandava se questo Paese dovesse avere una forma di governo democratica o repubblicana; la questione venne infine risolta nel 1913 quando vennero aperte le porte al socialismo.

---

3   La tassazione progressiva dei redditi e sull'eredità venne dapprima invocata da Karl Marx nel *Manifesto del Partito Comunista*, pubblicato nel 1848, come mezzo per distruggere la proprietà privata. Successivamente ogni piattaforma socialista ha incluso questo punto nei suoi programmi.

Man mano che la nostra indagine ci conduce ad analizzare le istituzioni che hanno caratterizzato il percorso americano, possiamo saggiare quanto l'America si sia spinta lontano lungo la strada verso il socialismo. Dovremmo anche comprendere che molte istituzioni, come la libera impresa, che un tempo erano considerate essenziali per il nostro ordine politico e sociale, hanno perso valore agli occhi della cittadinanza americana. Anche l'avversione nei confronti della parola "socialismo" prima del 1913 è ormai sbiadita, e un numero crescente di cittadini (forse la maggioranza) la usa come simbolo di un grande ideale. Tutti questi cambiamenti nella nostra cultura sono direttamente rintracciabili nell'abbandono della dottrina della proprietà privata – cioè, il Sedicesimo Emendamento.

Fintanto che la confisca della proprietà privata è legalizzata, questo Paese non è immune nei confronti dell'avvento della forma ultima del socialismo, cioè il comunismo.

Il principio base del comunismo è la cessione della proprietà privata nelle mani dello Stato. Già un terzo del nostro reddito nazionale viene tassato e confiscato.[4]

---

4 La stima si basa sulle cifre pubblicate dal Dipartimento del Tesoro degli Stati Uniti. Include le tasse locali, statali e federali. L'esattezza del calcolo è resa difficoltosa dal metodo utilizzato per arrivare al "reddito nazionale". Le cifre ufficiali includono i redditi di qualsiasi tipo, percepiti dal lavoratore normale o dalle grandi imprese. I salari dei funzionari statali che le raccolgono vengono pagati con le tasse e quindi si tratta di un doppio conteggio; sarebbe come contare come reddito ciò che il capofamiglia cede alla propria moglie per le spese della famiglia. Il "reddito nazionale" ufficiale include i sussidi pagati agli agricoltori e le tasse pagate dagli stessi agricoltori per rendere possibili suddetti sussidi. Se le elargizioni statali e gli stipendi statali fossero dedotti da suddetta cifra ufficiale, e venissero inclusi solo i salari derivanti dalla

Una o due altre "emergenze" porteranno alla confisca degli altri due terzi, lastricando quindi la strada verso il comunismo. Ci finiremo senza neanche accorgercene. Qualsiasi sforzo per invertire questa tendenza deve iniziare con il fermo rispetto dell'inviolabilità della proprietà privata. Se gli americani dovessero porre di nuovo tale diritto all'apice dei loro valori, il ripudio del Sedicesimo Emendamento sarebbe automatico. Pertanto è necessario continuare ad indagare sulla natura filosofica di questo assioma – cioè, *l'individuo ha un diritto inalienabile alla sua proprietà.*

Anche un ladro giustificherà il suo modo di vivere. L'essere umano deve avere un codice morale di qualche tipo per ammorbidire la difficoltà di vivere. E non esiste difficoltà nel creare un codice che si adatti ad una qualsiasi condizione, per quanto sia forbito il linguaggio, se si fa riferimento ad un assioma come base; un assioma non ha bisogno d'essere dimostrato. L'assioma del socialismo recita che l'individuo non ha diritti intrinseci. I privilegi e le prerogative di cui gode l'individuo sono garantiti dalla società, la quale agisce tramite la sua commissione manageriale, ovvero, il governo. Questa è la condizione che l'individuo deve accettare affinché possa essere un membro della società. Di conseguenza i socialisti (compresi molti che non si definiscono come tali) rifiutano l'elenco di diritti nella Dichiarazione d'Indipendenza, apostrofandola come una illusione del diciottesimo secolo. A supporto di questo diniego dei diritti naturali, il socialista sottolinea che non esiste nessuna dottrina che ne dimostri l'esistenza. Dove sono le prove?

---

produzione reale, il "reddito nazionale" sarebbe di gran lunga inferiore rispetto alla cifra ufficiale, e la percentuale ricoperta dalle tasse sarebbe nettamente più grande.

Dio ha affidato all'uomo una dichiarazione in cui c'è scritto che ha diritto a quanto scritto su quel foglio? E perché non ne hanno diritto anche gli uccelli e le altre bestie? Se al risposta a queste domande richiede l'introduzione del concetto di anima, ritorniamo al punto di partenza: come si può provare che l'uomo abbia un'anima? Coloro che accettano l'assioma dei diritti naturali sono con le spalle al muro a causa di tale ragionamento, finché non esaminano l'assioma contrario: tutti i diritti sono garantiti o dati in prestito dal governo. *Quest'ultimo da dove ha preso i diritti che dispensa?* Se si dice che sono raccolti dai vari individui, in virtù della loro appartenenza alla società, sorge una domanda: gli individui da dove hanno preso i diritti che cedono? Gli individui non possono cedere qualcosa che non potevano avere in prima istanza, cosa praticamente sostenuta dai socialisti. Cos'è questa cosa chiamata governo che può elargire o ritirare diritti? Esistono diverse risposte a questa domanda, ma tutte saranno d'accordo su un punto: il governo è uno strumento sociale che gode del monopolio della coercizione. Il socialista dice che il monopolio della coercizione è necessario affinché il governo possa portare alla ribalta un ideale sociale ed un ordine economico; altri dicono che il governo deve avere un monopolio della coercizione affinché possa impedire agli individui di usare essi stessi la coercizione contro i loro simili. In breve, la caratteristica essenziale del governo è la forza. Quindi se diciamo che i nostri diritti derivano dal governo, ammettiamo che chiunque sarà a capo del governo diventerà l'autore di quei diritti. E semplicemente perché ha il potere di imporre la sua volontà. *La base dell'assioma del socialismo, in tutte le sue forme, è che la forza è giusta.* E questo significa che la forza è anche morale.

Se sono più grande e forte di voi, e non avete modo di difendervi, allora è giusto che io vi riempia di botte; il fatto che io vi abbia picchiato è la prova che ne avessi diritto. Dall'altro lato se mi intimidite con una pistola, allora siete voi ad aver ragione. Tutto ciò non ha senso. Ed un ordine sociale basato sull'assioma socialista – il quale rende il governo il giudice ultimo di tutta la moralità – è una società senza senso. È una società in cui il più alto valore è l'acquisizione del potere – come incarnato in Hitler o Stalin – e il destino di coloro che non lo acquisiscono è una condizione di sottomissione. L'insensatezza dell'assioma socialista risiede nel fatto che non ci sarebbe alcuna società, e pertanto nessun governo, se non ci fossero individui. L'essere umano è l'unità di tutte le istituzioni sociali; senza l'uomo non ci può essere una folla. Di conseguenza siamo costretti a guardare all'individuo per trovare un assioma su cui costruire un codice morale non socialista. Cosa può dirci di sé stesso? In primo luogo ci dice che tra tutte le cose, vuole vivere. Ce lo dice sin dal primo momento in cui viene al mondo urlando. A causa di questo desiderio primordiale, egli afferma, ha il diritto a vivere. Di sicuro nessun altro può stabilire un diritto valido sulla sua vita, e per tal ragione egli traccia la sua titolarità ad una autorità che trascende tutti gli uomini, ovvero, Dio. Tale titolarità ha senso. Quando l'individuo dice che è il titolare della sua vita, intende che tutto ciò che è, è di sua proprietà; il suo corpo, la sua mente, le sue capacità. Forse c'è qualcos'altro oltre alla vita, come un'anima, ma senza sondare tal reame, egli vuole affermare ciò che conosce di sé stesso – la sua coscienza. Tutto ciò che è "Io" è anche "mio". Ciò implica, ovviamente, che tutto ciò che è "tu" è "tuo" – per ogni "tu" c'è un "Io". I diritti funzionano in entrambe le direzioni.

Ma mentre voler vivere conferisce all'individuo titolarità alla vita, si tratta di un titolo vuoto a meno che non acquisisca quelle cose che rendano realizzabile questo desiderio, come ad esempio il cibo, l'abbigliamento, un tetto sopra la testa. Queste cose non le si acquisisce semplicemente perché le si vuole; le si acquisisce attraverso la trasformazione delle materie prime grazie al proprio lavoro. È necessario dare una parte di sé stessi – la propria forza o il proprio cervello – per entrare in possesso di suddetti beni. Anche le bacche devono essere colte prima che possano essere mangiate. Ma l'energia impiegata per ottenere i beni primari è parte di sé stessi; *siete* voi. *Pertanto quando si creano queste cose, la titolarità su voi stessi, il vostro lavoro, viene estesa su queste cose. Avete un diritto su di esse semplicemente perché avete un diritto alla vita.*

Questa è la base morale del diritto alla proprietà. "È mio perché l'ho fatto io" è una frase che è vera a priori. Il riconoscimento di questa titolarità è implicito nella frase "Guadagno tanti dollari a settimana". Ciò è vero letteralmente.

Ma cosa s'intende quando dite che possedete le cose che avete prodotto? Diciamo che avete un bushel di grano. Lo avete prodotto per soddisfare il vostro desiderio di pane. Potete trasformare il grano in farina, cuocere la pagnotta di pane, mangiarla, o condividerla con la vostra famiglia o amici. Oppure potete dare una parte del grano al mugnaio come pagamento per il suo lavoro; la parte che date a lui, sotto forma di salario, è sua perché ha dato il suo lavoro in cambio. Oppure potete vendere metà bushel di grano per denaro, che a sua volta scambiate per burro, da mettere sul pane. Oppure potete depositare il denaro in banca per poi comprarci qualcosa più in là nel tempo.

In altre parole la vostra proprietà vi permette di usare il vostro giudizio come volete e disporre dei prodotti del vostro lavoro – consumarli, cederli, venderli, risparmiarli. La libertà di scegliere come disporne al meglio è la sostanza dei diritti di proprietà.

Interferire con questa libertà significa, in ultima analisi, interferire col vostro diritto alla vita. Come minimo è questa la vostra reazione a tale interferenza, poiché la descrivete con una parola che esprime un'emozione profonda: furto. Inoltre se scoprite che questo furto persiste, se venite privati regolarmente dei frutti del vostro lavoro, perdete interesse nel lavorare. L'unica ragione per cui lavorate è per soddisfare i vostri desideri, e se l'esperienza mostra che nonostante i vostri sforzi i desideri non si realizzano, lesinerete il lavoro. Diventerete dei produttori "scadenti". Supponiamo che veniate privati totalmente della vostra libertà di disposizione, cioè, diventiate uno schiavo; non avete alcun diritto di proprietà. Qualunque cosa produciate viene preso da qualcun altro, e sebbene una buona parte di essa vi viene restituita sotto forma di sostentamento, assistenza sanitaria, alloggi, siete interdetti per legge a possedere la vostra produzione; se ci provate, diventate un "ladro". La vostra preoccupazione di produrre sbiadisce e sviluppate un'attitudine nei confronti del lavoro che viene chiamata psicologia dello "schiavo". Declina anche il vostro interesse in voi stessi, perché percepite che senza il diritto alla proprietà non siete tanto diversi dagli altri esseri viventi che vivono in un fienile. Il prete potrebbe dirvi che siete un uomo, con un'anima, ma percepite che senza il diritto alla proprietà siete in qualche modo meno di un uomo rispetto a coloro che possono disporre liberamente della loro produzione. Se siete esseri umani, allora quanto lo siete?

È sciocco, quindi, cianciare di diritti umani superiori ai diritti di proprietà, perché il diritto a possedere qualcosa è riconducibile al diritto alla vita, il quale è intrinseco all'essere umano. I diritti di proprietà sono nell'effettivo diritti umani.

Una società costruita sulla negazione di questo fatto è, o deve diventare, una società di schiavi – nonostante i socialisti la descrivano diversamente. È una società in cui alcuni producono e altri dispongono della loro produzione. Il lavoratore non è stimolato dalla prospettiva di soddisfare i suoi desideri, ma dalla paura di una punizione. Quando non ci sono interferenze con la sua proprietà, quando lavora per sé stesso, è incline a sviluppare le sue capacità perché ha desideri illimitati. Lavora per avere cibo, per necessità, ma quando ne ha a sufficienza allora inizia a pensare a piatti belli da vedere, a tovaglie di seta e ad ascoltare musica durante i pasti. Non c'è limite ai desideri che l'essere umano può immaginare, e che può realizzare, a patto che si senta sicuro che il suo lavoro non sarà invano. Invece quando la legge lo priva dell'incentivo di godere della sua proprietà, lavorerà solo per le necessità. Perché sforzarsi di più?

Pertanto la produzione generale di una società socialista deve tendere a declinare fino al punto in cui tocca la mera sussistenza.

Il declino economico di una società senza diritti di proprietà è seguito dalla perdita di altri valori. È solo quando abbiamo abbondanza di beni di prima necessità che pensiamo a cose più frivole o immateriali, ovvero, la cultura. Anche perché pensiamo di poter vivere senza libri e film quando c'è la nostra vita in gioco.

Inoltre coloro che non hanno alcun diritto al possesso di certo non hanno nemmeno il diritto a dare e la carità diventa una parola vuota; in un ordine socialista nessuno deve pensare ad un vicino sfortunato perché è dovere del governo centrale, il solo avente il diritto al possesso della proprietà, prendersene cura; potrebbe addirittura diventare un crimine fare l'elemosina. Quando la negazione del diritto dell'individuo viene attuata attraverso la negazione della proprietà, il cosiddetto orgoglio personale, il quale distingue l'uomo dalle bestie, non ha più senso.

L'imposta sul reddito non è solo una tassa; è uno strumento che distrugge la società degli esseri umani.

Capitolo 4: Come è avvenuto

La Costituzione del 1789 non ammetteva l'imposta sul reddito. I Padri Fondatori non avrebbero potuto metterla dentro, neanche se avessero voluto, e non c'è prova di questo. Un secolo dopo, quando gli americani avevano di fronte l'invasione dei diritti di proprietà, le menti legali provarono a torcere il linguaggio della Costituzione a loro vantaggio. Quale che fosse il beneficio di questa alterazione semantica, non cambiava il fatto che gli americani del 1789 non volessero l'imposta sul reddito. Non erano quel tipo di persone.

Dietro queste persone c'era un secolo e mezzo di amore per la libertà. L'individualismo – che non è altro che profondo rispetto per sé stessi – era stato scolpito nelle loro anime; la loro conquista della natura aveva insegnato loro le lezioni dell'autonomia e dell'autostima. Quando era necessario dichiarare guerra in difesa della libertà uscivano allo scoperto, erano ben preparati, non materialmente, ma spiritualmente. John Adams, scrivendo nel 1818, disse: "La Rivoluzione era nei cuori degli uomini"... aveva avuto effetto "prima che cominciasse la guerra". Avevano appreso la libertà nel modo più duro possibile e volevano conservarla.

Infatti entrarono in guerra contro Re Giorgio III per quella che potremmo definire una bazzecola. Quando si paragonano le offese sofferte dagli americani a causa della Corona inglese, come elencate nella Dichiarazione d'Indipendenza, con quelle patite da altre persone, potete comprendere quanto gli americani tenevano in alta considerazione la libertà.

Quanto sono insignificanti le accuse mosse a Giorgio quando si pensa a cosa passarono i tedeschi sotto Hitler, o i russi sotto Stalin! E se potessimo testimoniare il nostro disappunto nei confronti dell'interferenza burocratica odierna, scriveremmo una nuova Dichiarazione che farebbe sembrare una nullità quella di Jefferson. Una delle cause principali della Rivoluzione fu la tassazione. Gli americani riassunsero il loro atteggiamento nei confronti della tassazione sotto lo slogan "La tassazione senza rappresentanza è tirannia". Consideravano la tassazione una forma di tirannia, o un'invasione dei loro diritti di proprietà, con o senza rappresentanza, ma erano disposti ad una sorta di compromesso per necessità; suddetto compromesso era proprio la "rappresentanza". A giudicare dalla loro riluttanza nell'accettare tasse imposte dai governi locali, è una certezza che se la Corona avesse dato loro la rappresentanza in Parlamento avrebbero disprezzato un po' meno le tasse. Le gabelle imposte dalla Corona erano così basse, rispetto a quelle pagate dalla loro discendenza, che il baccano che fecero sembrava davvero ridicolo. Pare così solo perché noi siamo persone diverse.

Per quanto riguarda l'imposta sul reddito, non ci sarebbe stata una Rivoluzione se gli americani del 1776 non fossero stati a conoscenza che sarebbe finita nelle mani di Re Giorgio. Probabilmente avrebbero avuto una rappresentanza in entrambe le camere del Parlamento in cambio di una tale manna; egli avrebbe dato loro qualsiasi altro tipo di "libertà" i loro cuori avrebbero desiderato. Ma un popolo che protestava con tale veemenza contro una tassa sul tè difficilmente avrebbe accettato l'idea che qualcuno potesse mettere le mani nelle loro tasche. Il solo suggerire una tale cosa sembrava assurda.

La Costituzione non diede la libertà agli americani; erano liberi ben prima che fosse scritta, e quando venne stilata per la ratificazione la guardarono con sospetto, per paura che potesse infrangere la loro libertà. I federalisti, i sostenitori della ratificazione, sudarono sette camicie per far capire alle persone che con la Costituzione sarebbero stati tanto liberi quanto lo erano stati prima. Madison, in particolare, sottolineò il punto che non ci sarebbero stati cambiamenti nel loro status personale, che *il governo sarebbe stato il dipartimento estero dei vari stati*. La Costituzione stessa è testimone dell'attitudine di quei tempi, poiché permetteva l'esistenza di un governo talmente ristretto nei suoi poteri da prevenire qualsiasi infrazione della libertà; questa era la ragione della famosa formula "check and balance". Qualsiasi altro tipo di costituzione non sarebbe andata bene. Per quanto riguarda il tema importante della tassazione, la Costituzione conferiva al governo poteri davvero limitati: dazi sulle importazioni ed accise. Anche queste ultime erano permesse con riluttanza. Le uniche tasse su cui c'era accordo generale erano i dazi: la tesi delle "industrie neonate" – il bisogno di stimolare i produttori nel nuovo paese proteggendoli dalla concorrenza estera – registrò un certo successo tra la popolazione, ed era tollerato che un monopolio federale dei dazi sarebbe stato meglio di vari dazi emanati dai tredici stati. Tuttavia Hamilton dichiarò (in *The Federalist Papers*) l'inadeguatezza delle entrate dai soli dazi. Non solo aveva in mente le spese di un nuovo governo, e la necessità di scalare la scala del potere, ma anche il ripagamento dei debiti Continentali. Chiese l'approvazione del privilegio di condividere le tasse interne tra i vari stati. Rifiutava l'idea di una tassazione dei redditi, sia perché avrebbe dato scarsi introiti sia perché sarebbe stata rigettata dal popolo.

E così il governo degli Stati Uniti si accontentò di quello che poteva incamerare dai dazi e da alcune accise fino alla Guerra Civile; è interessante notare che le accise vennero abolite nel 1817 e non ripristinate fino alla Guerra Civile. Di conseguenza era un governo debole, nel senso che non poteva diventare seccante; e la libertà del popolo lo rendeva forte, cosicché la ricchezza si moltiplicò ed il Paese prosperò. Il governo portò la nazione in due guerre stupide, ma durarono poco grazie alla mancanza di fondi: il credito nazionale, grazie alle tasse basse, era debole e il finanziamento federale era estremamente limitato. Sotto la dottrina del dominio eminente, il governo creò una classe privilegiata – cosa che accade sempre quando s'intromette nel quadro economico – concedendo donazioni terriere. Ma, in generale, prima della Guerra Civile il governo degli Stati Uniti badò agli affari per cui era stato creato: proteggere le persone affinché potessero godere dei diritti garantiti da Dio. Non dovrebbe essere dimenticato che i Padri Fodnatori, in accordo con John Locke, con gli scritti del quale erano in sintonia, ritenevano il governo *uno strumento per salvaguardare la proprietà privata*; e questo era considerato il compito principale del governo degli Stati Uniti fino al 1860.

Nel 1862 Lincoln istituì la prima imposta sul reddito nella storia americana. Il dibattito al Congresso su questo cambiamento importante nella nostra storia fiscale fu davvero curioso. Era tacitamente riconosciuto che la legge fosse incostituzionale, perché era una tassa diretta. Un paio di membri del Congresso cercarono di affibiarvi l'etichetta di "accisa", affinché potesse essere in sintonia con la Costituzione. Ma, in generale, la tesi per la sua necessità si basava sul bisogno di denaro per portare avanti la guerra. Si trattava solo di un espediente. La Costituzione venne messa da parte.

Se c'è una qualche giustificazione morale per la guerra, è il bisogno di salvaguardare la vita della comunità. Quando è in gioco l'esistenza della nazione, l'inclinazione naturale delle persone è quella di sospendere la rivendicazione dei loro diritti. Le loro vite vengono sottomesse alla causa comune e anche la loro proprietà. L'unico modo pratico per utilizzare la proprietà delle persone nello sforzo comune è quello di confiscarla, e la tassazione dei redditi è lo strumento di confisca perfetto. Ma dal momento che la difesa della patria è nell'interesse di tutti, sia la necessità che l'equità richiedono che non ci debba essere alcuna discriminazione e nessun limite: tutto ciò di cui si necessita deve essere preso senza riguardo alcuno per i diritti. È la casa di tutti che va a fuoco ed ogni secchio d'acqua disponibile, senza alcun riguardo per la proprietà, deve essere messo a disposizione per spegnere l'incendio. Quindi se la guerra viene giustificata, può anche essere giustificata una tassazione dei redditi illimitata e senza restrizioni. La domanda è: quando la guerra è giustificata?

Ogni guerra è combattuta con la ricchezza attuale. Non è possibile sparare con cannoni che non sono stati costruiti, non c'è modo di nutrire i soldati con la produzione della prossima generazione. La tesi secondo cui si possono far pagare i costi dell'attuale guerra alla generazione futura è pretestuosa ed ingannevole; è praticamente impossibile. Tutto il lavoro e tutti i materiali impiegati sono presenti, non futuri. *Paghiamo quello con cui combattiamo.* L'inganno secondo cui alcuni dei costi possano essere affibbiati al futuro, viene spacciato per rendere indolore la pillola amara della confisca totale. Per impedire che la scontentezza nei confronti della guerra vada fuori controllo, il governo prende ciò di cui ha bisogno e rilascia IOU (obbligazioni).

Ma questi IOU non sono un pagamento per i beni sequestrati; sono una rivendicazione sulla produzione futura. Quindi il possessore dell'IOU, il nipote di uno a cui sono stati confiscati i beni per combattere una guerra, può richiedere ad altri nipoti una parte della loro produzione. *Il possessore dell'obbligazione è semplicemente un partner dell'esattore delle tasse.* Ma come fa questo ad essere un pagamento per una guerra del passato?

Si dice che se il governo non potesse prendere in prestito denaro, non potrebbe dichiarare guerra. Questo potrebbe essere vero: non potrebbe dichiarare guerra nemmeno senza soldati. Ma se le persone non cedessero la loro proprietà o rischiassero le loro vite, allora la guerra sarebbe una cosa sgradita. Se così fosse, perché dovrebbe essere dichiarata?

Se invece di fare affidamento sui prestiti il governo confiscasse tutto ciò che gli serve per tal proposito, forse lo sbiadimento del patriottismo farebbe terminare anzitempo la guerra. Coloro che descrivono le obbligazioni statali come un pagamento per gli anni passati, trascurano il fatto che tali strumenti finanziari non sono mai ripagati. Il debito di una nazione aumenta ad ogni generazione. Questo perché ogni generazione, o il suo governo, affronta una nuova emergenza che deve essere finanziata, ed è molto conveniente dire che la generazione successiva deve pagare i benefici che deriveranno dalla risoluzione dall'emergenza presente. Ma ogni generazione ignora il fardello che ha ereditato. E quindi il debito nazionale aumenta.

Dal momento che tutte le obbligazioni statali sono una rivendicazione sulla produzione, essi non sono altro che una contraffazione; l'ammontare del potere d'acquisto, o denaro, viene incrementato.

Ci sono diversi modi con cui le obbligazioni statali sono monetizzate, ma questo non rientra nell'indagine che stiamo portando avanti; il punto è che tutte le obbligazioni statali non fanno altro che aumentare il denaro in circolazione, e a meno che il denaro addizionale non è accompagnato da una quantità eguale di beni sul mercato, allora otterremo inflazione. Quest'ultima è semplicemente una quantità maggiore di denaro alla ricerca di una quantità di beni statica.

Il dollaro è simile al dollaro vecchio, ma compra meno cose.

Di conseguenza anche coloro che comprano le obbligazioni statali vengono truffati. Con quei dollari avrebbero potuto comprare più beni rispetto a quelli che guadagneranno dopo l'emissione delle obbligazioni, oppure i dollari che ottengono alla scadenza. Ci vuole uno sforzo di logica per dire che paghiamo le guerre passate svalutando il valore del dollaro.

Il governo centrale contrae prestiti in base alla sua capacità di tassare, perché le tasse sono la sua unica fonte di entrate, l'unica sicurezza che può offrire al prestatore.

Grazie al suo basso potere di tassazione, l'amministrazione Lincoln ebbe difficoltà ad emettere obbligazioni con rendimento al dodici per cento.

Ciò significa che il suo credito era molto scarso e doveva ricorrere alla confisca. La sua prima legge sull'imposta sul reddito prevedeva un tre per cento di entrate nette su $600 l'anno; questa era una eccezione, dal momento che all'epoca un uomo poteva comprare un intero guardaroba con soli $6.

Il metodo di raccolta era decisamente semplice: il cittadino dichiarava il suo reddito in base alle sue stime, senza che nessuno lo controllasse, e poi tali stime venivano pubblicate sul giornale (l'idea era che l'opinione pubblica l'avrebbe costretto a rispettare un certo grado d'onestà). Tuttavia la quantità di denaro raccolta da questa tassa non era abbastanza da poter sostenere la guerra, e dopo due anni Lincoln fece ricorso all'imposta progressiva sul reddito. Così venne introdotta nella nostra politica fiscale la dottrina della cosiddetta capacità di contribuire. Questa dottrina, nuova all'epoca, ha sin da allora conseguito la dignità di un assioma della tassazione. Malgrado ciò quando la esaminiamo sotto la lente dell'etica non brilla poi così tanto; ed è una completa negazione del principio di uguaglianza che guidò i Padri Fondatori nello stabilire la Repubblica. Il potere di tassazione del governo federale era così limitato nella Costituzione:

"Non sarà istituita nessuna tassa pro-capite, o diretta, a meno che in Proporzione al Censo o all'Enumerazione"

Non esiste tassa che possa essere meglio descritta con l'aggettivo "diretta" se non l'imposta sul reddito. Affinché si potesse aggirare questo ostacolo nella Costituzione, l'amministrazione Lincoln dichiarò arbitrariamente che il suo balzello fiscale era una "accisa" e la Corte Suprema spalleggiò questa torsione della lingua con una decisione del 1868; l'arte del dimostrare un punto cambiando una definizione era già praticata ben prima che venisse scoperta la "scienza" moderna della semantica.

Rinforzare la proibizione di una tassa diretta è il requisito affinché le tasse siano imposte in proporzione alla popolazione.

Il significato è chiaro: tutti i cittadini devono essere considerati uguali di fronte alla legge e quindi tassati di conseguenza; i loro possedimenti non hanno nulla a che fare col loro status legale. Un uomo che ha acquisito (si suppone onestamente) una grossa quantità di ricchezze è uguale dal punto di vista legale con un altro meno fortunato. Il detto secondo cui "tutti gli uomini sono creati liberi ed uguali" vale sia in materia fiscale sia in materia sociale; la Costituzione non riconosce nessun sistema di caste. Nessuno, e nessun gruppo, può essere isolato e saccheggiato per motivi speciali.

La dottrina della capacità di contribuire rappresenta una violazione diretta di questo principio di uguaglianza.[5] *Stabilisce una classificazione giuridica della società.*

---

5 La capacità di contribuire rappresenta ora una base fondamentale della tassazione nella maggior parte dei libri di testo universitari sull'economia. Un libro che ha guadagnato grande risonanza è *Economics* di John Ise. Tipico di questa linea di ragionamento che viene insegnata agli studenti è il seguente passaggio tratto dal libro:
"Gli studenti di scienze politiche insistono che un'oligarchia economica come gli Stati Uniti non può essere una democrazia politica nel suo miglior senso; inevitabilmente una manciata di capitalisti e uomini d'affari prenderanno il potere nel mondo della politica, situazione che stona con una democrazia genuina; ed il solo modo di conservare una democrazia politica reale è di ripristinare la democrazia economica attraverso la tassazione progressiva." (Pagina 619)
Nonostante la logica ingannevole, il professore non può evitare un pizzico di buon senso. Alla pagina successiva dice: "Qualsiasi tassa su qualcosa di fatto dalle persone o sul reddito rappresenta una penalità sul settore e sulla prosperità e quindi un incoraggiamento alla svogliatezza, all'imprevidenza e all'incompetenza". Poi aggiunge: "Tuttavia è inevitabile che le tasse siano imposte in questo modo, perché lo stato deve incassare entrate dalla popolazione che ha il denaro". Quindi ai nostri studenti viene insegnato che è giusto prendere laddove c'è abbondanza.

Imbastisce un principio di governo che non era contemplato quando venne costituita questa nazione; si tratta di una virata verso il sistema di caste che esisteva in Europa.

La tesi usata per inserire questa idea delle caste nella nostra legge recita che i ricchi sono diventati tali perché godono di parecchi vantaggi provenienti dal governo e pertanto dovrebbero pagare gran parte delle sue spese. È davvero così? È stato il governo centrale a renderli ricchi? Se così fosse, il governo centrale sarebbe in difetto; l'unico modo che ha per arricchire un cittadino è dandogli un vantaggio speciale su altri cittadini, e in tal caso violerebbe la sua fiducia. Il governo centrale non ha niente di suo da dare, dato che non è un produttore di ricchezza.

Conferendo ad un cittadino un vantaggio speciale, crea automaticamente uno svantaggio per un altro cittadino. Di conseguenza se mi favorisce con i dazi, costringe coloro che comprano la mia merce a pagare un prezzo più alto rispetto a quello che avrebbero pagato se avessero comprato le stesse cose all'estero; l'eccedenza è il mio vantaggio e lo svantaggio del mio cliente. Oppure se il governo centrale dovesse sovvenzionare il mio affitto, non fa altro che prendere da altri cittadini ciò che da a me; mi arricchisce a spese di altri cittadini.

È ovvio che elargendo privilegi speciali il governo centrale fa qualcosa che non dovrebbe fare; non usa il suo potere per dispensare giustizia, ma per creare ingiustizia. Ciò viola il principio di uguaglianza e tale violazione non viene corretta tassando parte dei guadagni provenienti dal privilegio; suddetti privilegi dovrebbero essere aboliti.

Se ho acquisito ricchezza mediante un privilegio speciale concesso dal governo centrale, allora quando impone una tassa sulla mia ricchezza sta condividendo il mio vantaggio ingiusto; diventa, quindi, il compare del mio bottino.

I sostenitori della cosiddetta capacità di contribuire non riescono a distinguere tra la ricchezza ottenuta attraverso la produzione e quella ottenuta attraverso privilegi.

Affermano che uno non possa diventare ricco a meno che non abbia collaborato col governo centrale. Ciò sarebbe vero solo se non ci fosse alcun governo centrale a mantenere l'ordine e a proteggere la proprietà privata, quindi nessuno vorrebbe acquisire la proprietà; in una società in cui il furto è prevalente, la produzione deve scendere al punto della mera sussistenza. Ma la protezione di un cittadino non equivale a quella di tutti; è questo il motivo per cui gli uomini istituiscono i governi.
Non è la protezione della polizia che arricchisce uno e rende povero un altro. La differenza nella ricchezza personale che emerge in ogni società è dovuta o al caso o alle qualità possedute dall'individuo: diligenza, parsimonia, astinenza. Ma accade che coloro che possiedono queste qualità non danneggiano gli altri; acquisendole riescono ad avvantaggiare anche il loro prossimo. Se divento ricco facendo e vendendo scarpe, ne consegue che molte persone le considerano desiderabili e quindi traggono vantaggio dal mio sforzo. La ricchezza della società è proporzionale agli sforzi produttivi degli individui che compongono la società, e il governo non ha nulla a che fare con ciò – a parte la funzione passiva di conservare l'ordine e proteggere la proprietà.
Le persone creano la ricchezza; il governo centrale può solo prenderla.

L'effetto della cosiddetta dottrina della capacità di contribuire è quello di scoraggiare la produzione. Se una porzione crescente di ciò che guadagno mi viene sottratta – e questo è l'intento dell'imposta progressiva sul reddito – allora la mia inclinazione sarebbe quella di diminuire i miei guadagni. Non ha alcun senso che io riempia il fienile se i banditi lo svuotano regolarmente e non posso prevenirlo in alcun modo. È vero che nonostante imposte sul reddito pesanti, gli uomini cercheranno di conservare i loro standard di vita mediante sforzi produttivi maggiori; però poi si accorgono che il gioco non vale la candela e abbassano le loro pretese sullo standard di vita. Perché espandere un'attività, perché lavorare di più, quando il mio reddito mi lascerà poco di cui godere? Non ne vale la pena. Questo è l'effetto della dottrina della capacità di contribuire.

Se esaminiamo con attenzione l'imposta sul reddito, scopriamo che non è una tassa sui redditi piuttosto è una tassa sul capitale. Ciò che il governo centrale prende da me non è quello che consumo, ma quello che avrei potuto risparmiare. Avrei potuto spenderne una parte per comprarmi un vestito o ritinteggiare casa, ma una parte sarebbe sicuramente finita in banca, la quale sarebbe finita poi nelle mani di qualcuno che l'avrebbe usata per costruire una nuova fabbrica, ampliarne una esistente, aprire un negozio, o comprare una fattoria. Questo è quello che generalmente accade ai risparmi. Di sicuro una buona parte dei guadagni di una grande impresa vengono impiegati per ampliarla, cosa che non può accadere se i guadagni vengono confiscati.

Di conseguenza l'effetto dell'imposta sul reddito è quello di danneggiare la struttura di capitale di una società.

Dal momento che tutti i salari derivano dalla produzione, e dal momento che quest'ultima è proporzionale alla quantità di capitale usato, ne consegue che l'imposta sul reddito, danneggiando gli investimenti di capitale, tende a ridurre sia le opportunità di lavoro sia i salari. Inoltre i beni che non sono prodotti a causa della mancanza di capitali, rappresentano un handicap per i consumatori; meno beni ci sono sul mercato, più sono alti i prezzi che devono pagare.

Pertanto l'imposta sul reddito danneggia i salariati molto di più rispetto a quello che viene rubacchiato sulla loro busta paga.

Li danneggia aumentando il loro costo della vita e riducendo il loro potere d'acquisto. Alla fine anche il governo centrale ne soffrirà della cosiddetta capacità di contribuire. Spinta fino al suo limite ultimo, questa imposta seminerà tanto scoraggiamento che la gallina dalle uova d'oro smetterà di sfornare uova ed il governo centrale si ritroverà con un pugno di mosche in mano. Ovviamente può provare ad usare il capitale confiscato per produrre beni, qualcosa da tassare; può entrare nell'economia per colmare il vuoto lasciato. Questo sarebbe socialismo, cosa che potrebbe essere buona se solo funzionasse. Non è nostro compito in questo libro dimostrare che il capitalismo di stato (socialismo) è inefficiente, che produce nient'altro che deficit di bilancio; testimone a nostro favore è il Dipartimento delle Poste e Telecomunicazioni.

Quando tutto il capitale nel Paese finisce nelle mani del governo centrale, allora tutti noi dobbiamo lavorare alle sue condizioni – e questa è schiavitù.

Traguardo ultimo della dottrina della capacità di contribuire. Nonostante tutte le parole e le banalità morali che sono state usate per sostenere la dottrina della capacità di contribuire, questa dottrina è strettamente legata al furto: prendere laddove c'è abbondanza. Almeno i banditi hanno il buon gusto di non ricoprire le loro scorribande con una patina di buonismo; aggrediscono persone opulente e si spartiscono il bottino. Il governo centrale fa la stessa cosa, e come i banditi di strada non cavilla sull'origine della ricchezza della vittima.
Il Sedicesimo Emendamento dice che il governo può tassare i redditi "qualunque sia la loro fonte". Ciò significa che può tassare il salariato, il giocatore d'azzardo, l'impostore, il sequestratore, la casalinga, la prostituta. Anche i banditi di strada non fanno discriminazioni, a patto che uno capiti sotto le loro grinfie.[6]

---

6   "In questo Paese non creiamo ne tolleriamo una qualsiasi distinzione di rango, razza o colore, ma dovremmo tollerare l'uguaglianza nelle nostre tasse. Quindi penso che la proposta [tassazione progressiva sul reddito] non possa essere giustificata in base a nessun principio della morale. Può essere giustificata se la paragoniamo ad una bandito che difende le sue azioni. Sta dicendo al ricco: Possiedi i soldi, ma noi li prenderemo perché ne faremo un uso migliore." Deputato Morrill, 23 maggio 1866.

Capitolo 5: La rivoluzione del 1913

La legge, o leggi, sull'imposta sui redditi che ebbe origine durante la guerra civile, fu soggetta a molteplici modifiche; ma ogni cambiamento specificava la medesima data di scadenza, 1870. Essendo le promesse politiche ciò che sono, l'ultima legge fu prorogata fino al 1872. Questa aderenza ad una data di decadenza non vale nulla; è un'ammissione perversa che la tassazione sui redditi era generalmente considerata insopportabile, forse incostituzionale, ed era tollerata solo come una necessità temporanea. Era una misura di guerra. Molti Deputati, di volta in volta, proposero leggi per la soppressione di queste tasse, ma i loro sforzi morirono sul nascere. Sono occorse due generazioni, e due depressioni patite, prima che gli Americani fossero pronti ad accettare compiacenti la confisca delle loro proprietà. È necessario dare un rapido sguardo alle cause di questo deterioramento morale.
Il periodo successivo la Guerra Civile fu caratterizzato dal consueto boom, seguito dall'inevitabile crollo.

La guerra stimola l'attività produttiva, e l'abitudine prosegue anche nell'immediato periodo di pace. Tutti continuano ad essere occupati, e ognuno continua ad acquistare perché tutti hanno una grande massa di moneta fasulla emessa dal governo durante la guerra; inoltre, tutti hanno delle obbligazioni che possono essere liquidate o date a garanzia di prestiti.

Il boom è in corso. Il boom post Guerra Civile fu accelerato dalla promessa del West; la prateria era penetrata per miglia e miglia di ferrovia.

Sembrava che la prosperità potesse non solo perdurare, ma essere in costante espansione. Gli uomini scommisero su questa illusione. Specularono sul futuro; acquistarono pezzi di futuro sotto forma di terra e valori, pagando prezzi basati sulla convinzione che la gente sarebbe divenuta sempre più ricca.
Nel 1873 subentrò l'inevitabile depressione. Una depressione è un arresto della produzione. La produzione si interrompe quando la gente riduce i consumi.

Sono costretti a tagliare perché si sono aggravati con obbligazioni durante il boom, e ora sono incapaci di pagarne gli interessi. I valori non sono cresciuti rapidamente quanto si aspettavano; i mutui e altri debiti gravano pesantemente sulle loro spalle, e nello sforzo di salvare il loro investimento originale tagliano i consumi. Ridurre i consumi significa creare disoccupazione, e così tutto il castello di carte crolla. Solo quando i falsi valori vengono liquidati, i mutui spazzati via, ci può essere una ripresa della produzione. La depressione è un periodo di deflazione che fa seguito ad un periodo di inflazione. Ma la gente affamata è impaziente. Non possono attendere che la deflazione spazzi via i detriti della loro stessa orgia. Viene invocata una cura molto più rapida, e la medicina che assicura una cura rapida è il denaro.

Durante la guerra, si pensava, il governo stampava dollari e c'era prosperità; perché non stampare ancora più denaro e forzare il ritorno della prosperità? E così, durante la depressione del 1873-76, e per i vent'anni seguenti, ci fu un grande clamore in favore della cartamoneta, oltre a denaro d'argento per sopperire alla scarsità di oro. Questa fu la principale ricetta dei dottori sociali del tempo, una massa rumorosa che acquisì il nome generico di Populisti.

Questi buonisti erano attivi perlopiù nel nuovo West, dove i "tempi duri" erano più marcati e durarono più a lungo. La storia di quest'area è la storia delle ferrovie. Alla luce dell'esperienza successiva, possiamo descrivere l'espansione della ferrovia degli anni 1880 come un programma di apparente occupazione, promossa da sussidi e sovvenzioni governative. Non c'era alcun bisogno economico per la maggior parte di queste ferrovie. Esse non furono costruite per servire una popolazione esistente, ma per attrarre popolazione dalla costa orientale e dall'Europa.

Erano simili ad una promozione di terreni suburbani. Perfino prima che fossero costruite, quando le compagnie avevano solo pezzi di carta che davano loro i diritti di franchigia, la cuccagna che attendeva "costruttori di imperi" in prospettiva era ciò che veniva pubblicizzato. Tutto ciò che uno doveva fare per monetizzare questa promessa era acquistare un lotto di terra dalle compagnie ferroviarie, terra che avevano avuto gratuitamente dal governo e che era ancora senza valore, e che avrebbe continuato ad esserlo fino a quando i coloni non l'avessero resa produttiva. Con un luccicore negli occhi, i coloni pagarono i prezzi richiesti dalle compagnie impegnando i loro futuri guadagni sulla terra; si indebitarono fino al collo. Ovviamente, i loro guadagni avrebbero dimostrato per molto tempo di non essere sufficienti per provvedere alle loro spese vitali così come agli interessi sui mutui. Aggiungete a questa triste immagine le alte tariffe che le compagnie ferroviarie, applicavano, forti del monopolio, e avrete un panorama di depressione. La gravità della situazione di questi contadini fu peggiorata dalla politica protezionista delle tariffe da parte del governo.

Il meglio che potevano ottenere per i loro prodotti era il prezzo del mondo competitivo, mentre i manufatti che acquistavano dall'Est erano caricati di tasse. Accanto alla loro richiesta di più denaro circolante, i Populisti invocavano tariffe più basse. Non è difficile vedere che il boom e il bust erano stimolati, se non causati, da atti del governo, aiutato e favorito dalla naturale cupidigia della gente. Ma un popolo che prova un senso di danneggiamento non è portato a cercare cause fondamentali, e di certo non è incline a biasimare se stesso. Devono trovare un "cattivo" sul quale sfogare la propria tristezza; proprio come un bambino è soddisfatto quando la madre sculaccia il muro contro il quale egli ha battuto il capo.

Quindi, durante l'ultima parte del diciannovesimo secolo, gli Americani presero la dottrina della guerra di classe recentemente importata dai socialisti; qui trovarono una causa plausibile delle loro sfortune, un capro espiatorio logico per la loro insoddisfazione. E le parole che più vennero profferite sulle bocche di tutti furono plutocrazia e "i baroni del furto" e "ricchi sfondati" e "sacchi di denaro" con adeguati strilli. Inoltre, poiché l'opulenza del paese era concentrata a Est, il sezionalismo aggiunse fuoco alla dottrina della lotta di classe, e "Wall Street" divenne la causa ultima di tutti i malesseri economici della nazione.[7] I socialisti importarono inoltre l'idea di un'imposta sui redditi progressiva. Il loro profeta aveva scritto che questo è lo strumento ideale per distruggere l'odiato sistema capitalista, ed erano legati al dovere di promuoverlo.

---

7 Un appunto tipico nel dibattito del 1894 sulla tassazione dei redditi è il seguente dal discorso del Sen. Wm. A. Peffer, nel 21 Giugno: "L'unico obiettivo che abbiamo in vista della presentazione di questo emendamento [tassazione graduale del reddito] è di rastrellare dove c'è qualcosa da rastrellare, e non di gettare la rete dove non c'è nulla da prendere. L'Ovest e il Sud vi hanno arricchito".

Ci volle molto tempo prima che gli americani si vedessero faccia a faccia con i socialisti su questo argomento dell'abolizione del capitalismo, poiché la tradizione della proprietà privata era troppo fortemente intrecciata alla loro cultura; ma la tassa sui redditi esercitava un certo fascino su di loro quale mezzo per sfogare la propria vendetta su coloro che odiavano, cioè, quanti possedevano più di loro. Entro il 1891 i Populisti, che nel frattempo si erano coagulati nel partito socialista, inclusero un piano per la tassa sui redditi nella loro piattaforma; più tardi il Partito Democratico la fece propria. Sono stati scritti molti dotti trattati sulla tassazione, e un'immensa dose di erudizione è stata spesa a suo sostegno. Ma quando uno guarda alle cause sottostanti, le trova e molto semplici:

la tassazione sul reddito fa gola alla classe di governo poiché nella sua perenne fame di potere ha bisogno di denaro. La tassazione sul reddito attira le masse poiché dà espressione alla loro invidia; lenisce il loro senso di sofferenza.

I soli beneficiari della tassazione sul reddito sono i politici, poiché essa non solo offre loro i mezzi attraverso i quali possono accrescere i propri emolumenti, ma permette anche di aumentare la loro importanza. I nullatenenti che sostengono i politici nell'invocare la tassazione sul reddito fanno ciò solo perché detestano i possidenti; sebbene illudano loro stessi con il pensiero che potrebbero avere anch'essi parte del malloppo, il fatto è che la tassazione del reddito non può in alcun modo migliorare la loro condizione economica.
Fino al punto che, la somma di tutti gli argomenti a favore della tassazione del reddito proviene da ambizione politica e dal peccato di cupidigia.

Nel 1893 la nazione aveva una nuova depressione e un nuovo presidente. Grover Cleveland, sebbene dotato di maggior integrità dei grigi politicanti, doveva comunque "fare qualcosa" per soddisfare gli elementi dissidenti. Chiese al Congresso di abbassare le tariffe e di compensare questa perdita di entrate per il governo con una tassa sui redditi delle società. Il Congresso, obbedendo alle urla dei Populisti e alla pomposità di William Jennings Bryan, presentò una legge che invocava una tassazione del due per cento su tutti i redditi, con variazioni, e un taglio più profondo ai dazi di quanto il presidente stesso avesse richiesto. Questo atto (che divenne legge senza la firma di Cleveland) fu dichiarato incostituzionale dalla Corte Suprema prima che divenisse effettivo. Gli argomenti pro e contro questa proposta di legge, e alcuni commenti della Corte, meritano di essere notati alla luce della nostra recente esperienza. Ma potremmo divagare per un istante per esaminare l'uso di una richiesta di riduzione dei dazi per invece introdurre la tassazione del reddito.

Un dazio doganale è una tassa sui consumi, ed è una tassa dalla quale i produttori protetti traggono un profitto. I Populisti, rappresentando aree senza alcun produttore, denunciavano abbastanza rumorosamente che i dazi erano un'imposizione su agricoltori e salariati ed erano un privilegio speciale conferito ad una piccola classe a Est. L'argomento aveva troppo peso per essere facilmente ignorato.

Eppure, il fatto era che il governo dipendeva dai dazi per quasi la metà delle sue entrate, e un taglio delle tariffe doganali era una minaccia alla Tesoreria degli Stati Uniti. Per questo tema i Populisti erano preparati con la loro tanto cara proposta "anti-ricchi", la tassa sul reddito.

Pertanto la proposta di legge del 1894 e le numerose varie altre proposte riguardanti l'imposta sul reddito introdotte successivamente, legarono la riduzione dei dazi doganali alla tassazione dei redditi. Solo con la modifica costituzionale approvata dal Congresso la finzione della relazione fra la riduzione dei dazi e imposta sul reddito cessò.

I populisti, come tutti i riformisti, davano per scontato che il bene sociale potesse essere raggiunto per mezzo dell'azione politica.

Ignoravano l'antica evidenza che quando il governo fa "bene" agisce negli interessi di alcuni alle spese di altri, acquisendo potere per se stesso nel frattempo.

Il prodotto finale dell'intervento del governo nell'economia del paese è più potere per il governo.

Non rinuncia mai al proprio potere; non abdica mai. Perciò, l'idea che il governo potesse rinunciare al gettito derivato dai dazi in cambio del gettito dalla tassa sui redditi era contrario a qualunque esperienza. Promise di fare lo scambio, e forse i suoi leader credevano in quella promessa, ma la natura del governo è tale che non è in grado di cedere un potere per un altro; non in modo permanente, in nessun caso. Il fatto storico è che le tariffe doganali aumentarono sempre di più dopo che l'imposta sui redditi venne finalmente costituzionalizzata.[8]

---

8   Il Fordney-McCumber Tariff Act del 1922 (con un tasso medio sul valore del 33.22 percento) ripristinò gli alti dazi protezionistici precedenti l'imposta sui redditi. Ironicamente, il blocco agricolo del Midwest e del Sud che avevano combattuto a favore dell'imposta sul reddito, per permettere la riduzione dei dazi, si unirono con i loro passati oppositori per la promulgazione di questa legge. I dazi più alti nella

L'imposta sui redditi arricchì il Tesoro federale a tal punto che il gettito derivante dai dazi doganali divenne sempre meno importante, e il governo si poté permettere di dare sempre più protezione ai produttori manifatturieri; non solo il governo così acquisì il supporto politico degli industriali, ma condivise gli aumentati profitti delle tariffe doganali attraverso la tassa sui redditi. Se il governo non avesse avuto la tassa sui redditi non avrebbe aumentato i dazi doganali al punto di rendere le importazioni impossibili se non per beni di lusso. Perciò, per ottenere maggior introiti il governo avrebbe dovuto incoraggiare le importazioni mantenendo i dazi bassi. Avrebbe dovuto perseguire una politica di dazi per gettito piuttosto che una politica protettiva. Gli effetti sulle tariffe causati dalla tassa sui redditi possono essere visti quando verifichiamo che nel 1894 le entrate del governo dai dazi doganali ammontavano al 44% di tutti i suoi introiti, mentre nel 1950 meno del 2% proveniva da tale fonte. Comunque, la proposta di legge di Wilson del 1894, con l'allegato sulla tassa sui redditi, fu approvata. Fu approvata per due ragioni: la prima, rifletteva il crescente astio degli Americani nei confronti dei ricchi; in secondo luogo, andava incontro all'idea socialista che stava prendendo piede, ovvero, che il governo fosse l'agenzia ideale per la redenzione economica del genere umano. Quanto supporto questa seconda nozione potesse avere si può intuire quando si leggono le seguenti argomentazioni da parte del rappresentante David De Armond, del Missouri:

"L'approvazione della legge Wilson segnerà l'alba di un giorno più fulgido, con cielo più sereno, più canti d'uccelli, le risate dei bambini, ben nutriti, ben vestiti, ben alloggiati.

---

storia Americana, con una media sul valore del 40,08 percento, fu approvata nel 1930. Questo fu l'Hawley-Smoot Tariff Act.

Possiamo dubitare che nei giorni più felici e più luminosi, la democrazia distribuita equamente sarà trionfante? Dio affretti l'era dell'uguaglianza nella tassazione e nell'opportunità. E Dio prospera nella legge Wilson, promessa di un futuro luminoso per coloro il cui genio e laboriosità creano la ricchezza della nazione, e per coloro il cui coraggio e patriottismo sono il solo argine a difesa della Repubblica".

Le promesse di tanto sciocco buonismo, con il quale il dibattito fu deliberatamente cosparso, non furono implementate con una specifica legislazione "sociale", del tipo che piombò sulla nazione quando la legislazione sull'imposta sui redditi andò a regime. Ma suggerirono il desiderio recondito di un vitello d'oro che portasse gli Americani verso la terra promessa. Prepararono il terreno per il *Big Government*. Si dovrebbe comunque sottolineare che durante il dibattito si enfatizzò la raccolta di denaro solo per le sfere proprie del governo.[9] Nessuno dei sostenitori della tassa sul reddito parlò dell'espansione delle funzioni del governo, e mentre l'opposizione menzionava "socialismo", sembra discutibile che essi avessero la più pallida idea di un New Deal. La mentalità Americana del diciannovesimo secolo era incapace di comprendere il paternalismo, la regolamentazione e il controllo; era troppo radicata nel passato per questo.

---

9 Perfino i più accaniti sostenitori dell'imposta sui redditi, in quei giorni, sottolineavano solo la necessità di entrate, sebbene sospettassero la possibilità della dottrina della tassazione per scopi sociali che seguì l'adozione sel Sedicesimo Emendamento. Così, il Senatore Williams, il 26 Agosto 1913: "non vogliamo raccogliere più entrate di quante ne occorrano... Avendo concluso che ne avevamo a sufficienza, non tassiamo i redditi della gente per divertimento, né li tassiamo con il proposito di costruire un sistema".

Perfino coloro che sostenevano la tassa come un metodo per destabilizzare il principio della proprietà privata, non erano consapevoli di ciò che stavano facendo, e si sarebbero probabilmente fermati nella loro corsa se avessero previsto le conseguenze della loro proposta.

Non era un'urgenza per il *Big Government*, che essi non potevano nemmeno aver compreso, che li spingeva a sostenere la tassazione sul reddito.

Era semplicemente il desiderio di "affondare il ricco", il comunissimo peccato dell'invidia.

Il dibattito fu pesantemente inasprito dal desiderio di ridurre le fortune, e quale ulteriore inasprimento c'erano abbondanti slanci di sezionalismo. Le fortune che irritavano la loro invidia erano collocate a Est; erano contro gli stranieri, non i vicini.

Per esempio, il Senatore William A. Peffer, del Kansas, il quale, a tal proposito, era perfino più "avanzato" della proposta nella quale sosteneva una tassa sui redditi graduale, così esposta:

"Il punto da sottolineare è che poiché la ricchezza è accumulata a New York, e non perché quegli uomini siano più industriosi di quanto non lo siamo noi, non perché sono più saggi o migliori, ma perché commerciano, perché acquistano e vendono, perché fanno affari a usura, perché raccolgono ciò non hanno mai guadagnato, perché incassano e vivono di ciò che altri uomini guadagnano, saranno esenti da tassazione, e coloro che segano legname e portano acqua continueranno a farsi carico del governo".

William Jennings Bryan, del Nebraska, parlava per il West impoverito quando disse: "I signori hanno denunciato che la tassa sul reddito è una legislazione di classe poiché colpisce più perone in una parte della nazione piuttosto che in un'altra. Il fatto che la ricchezza della nazione sia, in larga misura, concentrata in alcune città e stati non fa una legge proporzionale alla ricchezza. Se New York e il Massachusetts pagano più tasse sotto questa legge piuttosto che altri stati, sarà perché hanno maggior reddito tassabile entro i propri confini. E perché queste zone non dovrebbero pagare di più ciò di cui godono di più?"

Nel leggere questi discorsi ci si domanda se non ci sarebbe mai stata una tassa sui redditi se i suoi sostenitori si fossero trattenuti fino a che Chicago fosse stata in grado di competere con New York, e i contadini del Nebraska, sfoggiando limousine, fossero diventati l'invidia dei lavoratori di Boston. Perfino gli oppositori della legge sembrarono poco consapevoli della concentrazione di potere politico che la tassa sui redditi avrebbe generato, e indirizzarono le proprie obiezioni principalmente sul principio della proprietà privata, sull'incostituzionalità della legge, e sulla dottrina della legislazione di classe.

Bourke Cockran, Deputato di New York, sfiorò l'argomento vitale quando disse:

"[...] persuadere una maggioranza ad opprimere una minoranza non è rendere un servigio al popolo, bensì insultarlo; non è rivendicare il potere popolare, ma discreditarlo; non è conservare libere istituzioni, ma minare il governo repubblicano".

Dopo che la legge fu approvata, e arrivò alla Corte Suprema, vennero fatti alcuni appunti in riferimento all'argomento delle libertà individuali e al governo minimo; sembrava non ci fosse la consapevolezza che la tassazione potesse distruggere la tradizione di libertà Americana.[10]

Così, il Giudice Field, in una brillante argomentazione a supporto dell'opinione della maggioranza che dichiarava la legge incostituzionale, cita approvando il punto sollevato dal consiglio:

> *"Nella teoria del nostro governo nazionale non c'è nulla che affermi il potere illimitato del Congresso. Ci sono limiti ai suoi poteri che scaturiscono dalla natura essenziale di tutti i governi liberi; ci sono riserve di diritti individuali, senza i quali una società non potrebbe esistere, e che sono rispettati da ogni governo. Il diritto di tassazione è soggetto a queste limitazioni".*

I semi dell'odio di classe che erano stati impiantati durante la Guerra Civile si dimostrarono fertili. Il loro germoglio fu meramente ostacolato dalla decisione del 1895 della Corte Suprema.

Negli anni seguenti continuarono a dare colpi che raggirarono la Costituzione, poiché sotto la maschera di "imposta sulle accise" i tributi erano imposti sulle entrate di alcune società e sulle eredità.

---

10 Fu solo nel 1937 che la Corte Suprema, con le parole del Giudice Benjamin Cardozo, ebbe la franchezza di dichiarare che i cosiddetti "diritti naturali", sono un soggetto della tassazione tanto quanto diritti di minore importanza".

La guerra Ispano-Americana creò un clima favorevole a queste tasse, e la corte suprema, nel 1900, fece un grande balzo di logica per giustificare la legislazione; infatti, la decisione del 1900, che fu un pezzo di legislazione a se stante, fu più tardi di grande aiuto per coloro che volevano una tassazione sul reddito generalizzata. I tamburi di guerra del "affonda il ricco" stavano sortendo il loro effetto. Perfino i ricchi cominciarono ad unirsi al coro. I più abbienti ovviamente non erano motivati da principi più di quanto non lo fossero i poveri; opportunismo e convenienza diedero forma e guida al pensiero del milionario così come del lavoratore. Così come la "Park Avenue" dei nostri tempi mormora frasi comuniste per apparire "avanzata", altrettanto nella prima parte del secolo alcuni dei benestanti assunsero una posa "democratica" e parlarono positivamente della tassazione dei redditi.[11]

I professori di economia non si fecero accantonare; la cosa progressiva da fare era scrivere articoli eruditi in supporto della capacità di pagamento. La folla aveva catturato l'intellighenzia, anche se questa guidava i politici. Il campione aristocratico delle masse, Theodore Roosevelt, sostenne la causa della tassazione progressiva delle eredità nel 1906, e nel suo messaggio al Congresso del 1908 sollecitò la tassazione dei redditi. Quando William Howard Taft divenne presidente, non solo i Democratici, ma anche un segmento "ribelle" dei Repubblicani venne irretito dalla filosofia Populista, e la combinazione di entrambi lavorò strenuamente per mettere in atto la "Grande Riforma".

---

11 "So che alcuni degli uomini più ricchi di questo paese la sostengono [l'imposta sui redditi]. So che il sig. Gould, in un'intervista, si è dichiarato favorevole, e mi viene detto da un gentiluomo del Missouri che il sig. Carnegie è favorevole" Rep. Bourke Cockran, 30 Gennaio 1894

Come al solito, venne proposto l'emendamento della legge sui dazi per l'imposta sui redditi. Il Presidente Taft, che in precedenza fu un giudice, si oppose a questo emendamento perché era preoccupato per la reputazione della Corte Suprema, che sarebbe stata compromessa qualora avesse invertito o confermato la decisione del 1895. Fu proposto un accordo politico; la legge sui dazi fu approvata con un emendamento che tassava i redditi delle corporazioni, e all'opposizione fu promesso un emendamento alla Costituzione. Questa promessa fu mantenuta più tardi dalla leadership repubblicana, che si era opposta alla tassa sui redditi; erano certi che un numero insufficiente di stati avrebbe ratificato la legge. Entro il 1913, quarantadue stati la ratificarono, e il Sedicesimo Emendamento divenne parte della Costituzione.

Nel nome, era una riforma delle tasse. Nei fatti, fu una rivoluzione. Perché il Sedicesimo Emendamento corrose il concetto americano di diritti naturali; alla fine ridusse il cittadino americano allo stato di soggetto, fino al punto che egli non ne è nemmeno consapevole; aumentare il potere esecutivo fino al punto di ridurre il Congresso all'innocuità; e consentire che il governo centrale possa corrompere gli stati, fino ad allora unità indipendenti, fino alla sottomissione. Nessun regno nella storia del mondo ha mai esercitato più potere della nostra Presidenza, o ha avuto a disposizione maggior parte della ricchezza del proprio popolo. Abbiamo mantenuto le forme e le frasi di una repubblica, ma in realtà viviamo sotto un'oligarchia, non di cortigiani, ma di burocrati.

Si doveva giungere a questo.

La teoria di un governo repubblicano è che la sovranità risiede presso i cittadini, che la demandano ai propri rappresentanti eletti per un periodo limitato di tempo. Ma un popolo la cui ricchezza è travasata nei forzieri del proprio governo non è in una posizione tale da poterlo affrontare; con la sua ricchezza se ne va pure la sua sovranità, il suo senso di dignità. Le persone ancora votano, naturalmente, ma la loro capacità di giudizio nella cabina elettorale è indebitamente influenzata dalle elemosine del governo, siano queste sotto forma di "sgravi", prezzi calmierati, o di ordini di navi da guerra. Sebbene non siano esattamente "transazioni da banco", la coscienza dei cittadini è comprata. Né si può dire che gli elettori siano immuni alla propaganda dei burocrati, per loro conto, e pagata dagli elettori stessi.

Con l'intoccabilità della proprietà americana se andò pure l'intoccabilità fisica. Va notato che Lincoln ebbe grandi difficoltà ad implementare una forma moderata di coscrizione, perfino durante la guerra; ora abbiamo la coscrizione in tempo di pace, apparentemente quale politica permanente. Lincoln ebbe difficoltà con la sua legge perché non aveva i mezzi per ingaggiare un esercito di agenti per farla applicare. Grazie alla tassa sui redditi, il nostro governo attuale non è così menomato. La resistenza è così pericolosa che abbiamo tramutato la sottomissione in virtù; l'esercito coscritto è descritto come un'armata "democratica", e l'obiettore di coscienza è spesso visto come poco più che un traditore. Siamo diventati così completamente assuefatti a questa odiosa pratica degli Zar, che ogni madre è riconciliata col fatto che il suo figlio appena nato sarà un soldato se, sfortunatamente, crescerà sano di mente e di corpo.

Mentre siamo sull'argomento dell'immunità del corpo, dovremmo anche menzionare il fatto che sebbene l'imprigionamento per debiti è stato abolito da molto tempo, abbiamo la prigione per coloro che violano le leggi della tassa sui redditi. Possiamo imbrogliarci l'un l'altro impunemente, ma non il governo. Così meticolosa e così spietata è la macchina del fisco che si usa per catturare e imprigionare dei sospetti criminali contro i quali la prova legale di criminalità non può essere addotta. Giocatori professionisti, teppisti, e ricattatori di ogni sorta, consapevoli della rapida e certa punizione comminata dai nani del fisco, sono scrupolosi nel compilare la loro dichiarazione dei redditi.

Perciò, il Sedicesimo Emendamento, promulgato per aumentare le entrate del governo, ha prodotto un altro dipartimento di polizia, l'ennesimo modo di mettere in riga i cittadini. La terza grande immunità è quella della mente, la libertà di pensare come uno meglio desidera. L'indebolimento di questa intoccabilità non è facile da rilevare, poiché l'operazione può essere condotta in modo tale che la vittima non ne è mai conscia. È necessario guardare ai metodi utilizzati dal governo per plasmare il pensiero, per sapere che questo condizionamento è in atto; quando il lavoro è completato, occorre un acuto osservatore per comprendere che la gente pensa diversamente da quanto erano soliti pensare in precedenza. Quindi, il contadino che riceve assegni per non seminare non si rende conto che suo nonno avrebbe considerato tale pratica immorale; accetta l'incasso di gratuità come un ordine naturale delle cose, come abbastanza pulito, poiché la propaganda del governo lo ha indotto in questo schema di pensiero.

La mensa scolastica gratuita non colpisce la mente della madre moderna come un insulto, quasi fosse incapace o non volesse assolvere alle responsabilità della maternità; la convenienza dei pasti gratuiti, più il risparmio, più i volantini governativi, hanno cambiato il suo modo di pensare. E così con ogni attività del governo, tramutato in Babbo Natale dalla tassa sui redditi: *una propaganda di massa introduce la nuova pratica e ancor più propaganda la giustifica, fino a che il popolo pensa ciò che il governo vuole che esso pensi.*

La libertà di giudizio diviene pressoché impossibile. Non contento con la propaganda diretta, il governo opulento si imbarca nella formazione del pensiero del futuro, invadendo la macchina dell'educazione. In questo è aiutato dall'attuazione stessa della tassa sui redditi. I ricchi non possono più essere generosi con i loro contributi ai college come erano soliti fare poiché il governo ha il denaro che loro avrebbero potuto donare. Così il governo corre in soccorso di queste istituzioni con sovvenzioni. Non si può dire con certezza che il governo determini i curricula dei college come una condizione per le sovvenzioni. Ma la generosità non può evitare di impressionare i professori, in particolare perché hanno imparato a desiderare posti di lavoro nella sempre più crescente burocrazia. È interessante notare come in quasi tutti i corsi di economia viene insegnato che la tassa sui redditi è uno strumento appropriato per la regolazione dell'economia del paese; che la proprietà privata non è un diritto inalienabile (infatti, non ci sono diritti inalienabili); che i malesseri economici del paese sono riconducibili a ciò che rimane della libera impresa; che l'economia della nazione può essere solida solo quando il governo gestisce i prezzi, controlla i salari, e regola le operazioni.

Questo non veniva insegnato nelle università prima del 1913. C'è una relazione tra i risultati della tassa sui redditi e il pensiero dei professori? Ora si sta assistendo in questo paese ad un forte movimento per portare il sistema della scuola pubblica sotto il dominio federale. Il movimento sarebbe stato impensabile prima che il governo avesse avuto i mezzi per mettere in atto l'idea; ovvero, prima della tassa sui redditi. La domanda è, coloro che manifestano per la nazionalizzazione delle scuole arrivano a questa idea tramite un pensiero indipendente, o sono stati influenzati dai burocrati che vedono nella nazionalizzazione una maggiore opportunità per loro stessi? Dobbiamo propendere verso la seconda conclusione, poiché fra i leader del movimento vi sono molti burocrati.

Comunque, se il movimento dovesse avere successo, se le scuole saranno portate sotto il controllo dell'occhio del governo federale, con certezza il curriculum si uniformerà agli ideali del Grande Governo. La mente del bambino non sarà mai esposta all'idea che l'individuo è la cosa più importante del mondo e che ha diritti che provengono da una fonte ben più alta della burocrazia.

Pertanto, l'intoccabilità della proprietà, del corpo e della mente sono stati minati dal Sedicesimo Emendamento. Le libertà conquistate dagli Americani nel 1776 furono perdute con la rivoluzione del 1913.

Capitolo 6: *Spennare il povero*

A dire il vero, i populisti, i democratici ed i repubblicani, per non parlare dei socialisti, diedero poco conto al fatto che l'imposta sul reddito sarebbe stata invece utilizzata per "spennare i poveri". Era uno strumento, pensarono, ideato per espropriare i ricchi a favore dei poveri. Come questi ultimi avrebbero beneficiato dall'espropriazione, non lo spiegarono; il loro odio intenso per i ricchi riempì questo vuoto nella loro argomentazione al punto che lo "spennare i ricchi" avrebbe permesso al governo di rubare dalla busta paga dei poveri. La dottrina della lotta di classe è più feroce, non nel senso che mette uomo contro uomo, produttore contro produttore, ma in quanto distoglie l'attenzione dei partecipanti dal loro nemico comune, lo Stato. *Gli uomini vivono di produzione, ma lo Stato vive di appropriazione.*

Mentre i ricchi e i non abbienti lottano per la spartizione della ricchezza esistente, è compito dello Stato prosperare a spese di entrambi; prende le biglie, mentre i ragazzi stanno combattendo. Questa è stata sin dall'inizio la storia degli uomini nella società organizzata. Che questa lezione di storia debba essere sfuggita ai riformatori del XIX secolo, quando l'abitudine alla libertà era ancora forte in America, può essere facilmente comprensibile; quello che non è facilmente spiegabile è l'accettazione della dottrina del governo centrale benevolo ai giorni nostri, quando tutte le prove del contrario le abbiamo davanti agli occhi. Tuttavia, una buona "ragione" ne segue un'altra per fare un miglior uso del Sedicesimo Emendamento.

Dopo il 1913, il governo, che per oltre un secolo era riuscito a fare a meno della tassazione sui redditi, sentiva un continuo bisogno di maggiori fondi.[12] Le aliquote fiscali sul reddito continuarono a salire, e le esenzioni a scendere; le maglie della rete vennero rese sempre più strette in modo che avrebbero potuto catturare più pesci. In un primo momento si trattava dei redditi delle corporazioni, poi di quelli dei ricchi cittadini, poi delle vedove ben sistemate e dei lavoratori opulenti e, infine, la ricchezza delle badanti e le mance delle cameriere. Tutto ciò è in linea con la dottrina della capacità di pagare.

I poveri, semplicemente perché ce ne sono di più, hanno più capacità di pagare rispetto ai ricchi.

La busta paga nazionale contiene più soldi che tutti i tesori messi insieme di tutte le aziende del paese. Il governo non poteva trascurare a lungo questa ricca miniera. Tuttavia, considerazioni di ordine politico rendevano difficile il furto dalla busta paga. I salariati hanno voti, molti voti, e per non alienarsi tali voti, fu necessario mettere a punto alcuni strumenti per rendere accettabile la tassazione dei loro redditi. Dovevano essere cullati per accettare lo "spennamento dei poveri". Il farmaco che venne inventato per questo scopo fu la "previdenza sociale". Venne detto all'operaio che non stava pagando una tassa sul reddito quando la sua busta paga veniva aperta e derubata: stava semplicemente effettuando un "contributo" ad "un'assicurazione" contro le inevitabili disabilità della vecchiaia. Avrebbe riavuto tutto indietro, quando non avrebbe più potuto lavorare, e con un profitto.

---

12 Per un certo numero di anni tra il 1801 ed il 1890, tranne che nella Guerra Civile, le entrate del Paese erano uguali alle sue spese o qualche volta mostravano un surplus.

Questa è frode pura, come si può facilmente vedere, quando si fa il confronto tra la previdenza sociale ed un'assicurazione legittima. Quando si paga un premio per una polizza assicurativa, l'azienda ne mantiene una parte in riserva. L'importo così accantonato è basato sull'esperienza attuariale; la compagnia conosce attraverso lunghi studi quanti soldi deve tenere a disposizione per soddisfare probabili richieste di indennizzo. La maggior parte del premio viene investito in attività produttive, e dai proventi di tali investimenti l'azienda paga le sue spese correnti ed accumula un surplus per soddisfare eventi imprevisti; o paga agli assicurati una quota di questi guadagni extra sotto forma di dividendi. Senza entrare nei dettagli intricati del comparto assicurativo, il principio guida è che le prestazioni sono pagate dalla riserva o da utili provenienti da investimenti della compagnia. È questo ciò che succede al vostro "contributo" per la previdenza sociale? Neanche lontanamente.

Ogni centesimo preso dai salari viene gettato nella cassa del Tesoro degli Stati Uniti, ed è speso per tutto quello che decide il governo. Stessa storia per i "contributi" dal datore di lavoro. Vale a dire, le tasse della previdenza sociale sono tasse, punto e basta; sono "dazi ed oneri coercitivi" imposti dal sovrano ai suoi sudditi per le spese dello stato. Il denaro non viene tenuto in riserva, niente viene investito in attività. Il tutto viene speso, e viene speso molto tempo prima che "l'assicurato" abbia diritto ai benefici.

Per dare una certa plausibilità alla farsa "dell'assicurazione", il governo istituisce un cosiddetto fondo di riserva. Al posto del denaro che raccoglie, accumula i suoi stessi bond, o IOU, per un importo pari al denaro raccolto.

L'interesse su questi bond, dice, sarà sufficiente a soddisfare gli obblighi alla scadenza. Ma l'interesse su questi bond è pagato con quello che raccoglie in tasse; da quale altro posto il governo potrebbe ottenere il denaro? Dal momento che i cosiddetti premi sono soltanto le tasse, e dal momento che i pagamenti dei benefici sono anch'essi tasse, il funzionamento è lo stesso di una compagnia di assicurazioni che usa i suoi premi per salari e cocktail party e poi paga i benefici con nuovi premi. Agendo in questo modo, i dirigenti della compagnia potrebbero essere mandati in prigione. Tuttavia, le leggi fatte per i cittadini sono un po' diverse dalle leggi fatte per i funzionari pubblici. Uno degli argomenti che ha contribuito a vendere la previdenza sociale è che il "contribuente" non sarà a carico dei figli per quanto riguarda i mezzi di sussistenza, quando non potrà più lavorare. Vediamo se questo è vero. Dobbiamo tenere a mente che le tasse fanno parte della produzione; sono imposte su ciò che viene prodotto nel presente, non in passato. I pagamenti agli anziani non più produttivi provengono pertanto da quello che il governo raccoglie da coloro che producono, i loro figli. Il governo non può ottenere il denaro da chiunque altro.
Così, in effetti, i figli stanno sostenendo i loro genitori, collettivamente e senza amore.

La truffa è ulteriormente aggravata con la promessa di qualcosa in cambio di niente. Al lavoratore viene detto che il suo datore di lavoro, lo "sfruttatore", paga una parte del premio, ed è in effetti costretto a dare un contributo ai benefici per la vecchiaia.
Il fatto è che, come ogni scolaretto dovrebbe sapere, *il datore di lavoro deve includere nelle sue spese quello per cui è costretto a "contribuire".*

Questa spesa si manifesta nel prezzo dei suoi beni, e viene effettivamente pagata, come consumatore, dal salariato.

Vi è una somiglianza in questo schema con il gioco delle tre carte alla fiera di contea. Quanto più guardiamo a questa progenie del Sedicesimo Emendamento più rimaniamo stupiti dal suo carattere fraudolento. Prendete la questione dei bond nel fondo di riserva. Il governo può emettere moneta grazie ad essi — vale a dire, può "comprarli" con denaro stampato quando ha bisogno di denaro per pagare i benefici agli anziani; ciò fa parte della legge. Oppure, se il governo vende i bond a privati, o alle banche, gli acquirenti possono stipulare prestiti grazie ad essi. In entrambi i casi, sul mercato arriva nuovo denaro, abbassando il volume di tutto il denaro esistente. Questa è l'inflazione.

Ora, i soldi presi dalla busta paga del lavoratore valgono di più, acquisteranno più beni rispetto al denaro che otterrà quando sarà vecchio, semplicemente perché esistono questi bond.

Questo sistema della previdenza sociale venne avviato nel 1937. Uno non deve essere un economista per sapere che nel 1937 il dollaro comprava più pane e scarpe che nel 1954. L'uomo che nel 1954 comincia a ricevere l'indennità d'anzianità ottiene dollari che acquisteranno meno cose di cui ha bisogno rispetto ai dollari con cui fu costretto a "contribuire" nel 1937 e negli anni che seguirono. Quando la legge entrò in vigore, i dottori della previdenza sociale capirono che il fondo avrebbe dovuto raggiungere $50 miliardi prima che gli interessi sui bond fossero stati sufficienti a pagare i benefici previsti a tutti coloro che ne avevano diritto.

Cioè, se i vantaggi previsti non fossero aumentati. Tuttavia, per ragioni politiche ci furono cambiamenti sia nei benefici che nel numero di persone che furono costrette nello schema. Anche i "premi" vennero elevati. Questi cambiamenti vennero fatti sotto il nome di "assicurazione", ma il fatto evidente è che il governo li fece al fine di aumentare i suoi fondi spendibili. *Voleva più tasse, e si immerse di più nella busta paga; il che è lo scopo reale delle leggi della previdenza sociale.*[13]
In questo momento, il fondo fittizio di riserva ha accumulato $15 miliardi. Già alcuni economisti stanno cominciando a chiedersi come il governo sarà in grado di pagare i benefici a tutti coloro che nel corso degli ultimi 16 anni hanno versato "contributi" quando raggiungeranno l'età di 65 anni. Le cifre hanno dimostrato che l'interesse non sarà sufficiente a mantenere gli anziani a malapena in vita, se dovessero dipendere da questi stipendi; e secondo la legge sono privati di questi stipendi se guadagnano più di $75 extra al mese. Questa è la risposta:

Il governo centrale dovrà adempiere ai propri obblighi distribuendo nuovissimi dollari stampati, con potere d'acquisto in calo, ed i vecchi dovranno dipendere da quel sostegno che possono elemosinare dai loro figli infestati dalle tasse.

---

13 Inizialmente, la tassa per la "previdenza sociale" era dell'1% su tutti i salari tassabili fino a $3,000 l'anno, pagata sia dal datore di lavoro che dal dipendente. Nel 1951, la tassa fu estesa a salari di $3,600. Inoltre nel 1951 furono inserite le persone "auto-impiegate"; anche loro ora avrebbero dovuto pagare per la "previdenza sociale", che la volessero questa "assicurazione" o no, e la quota, che venne fissata al 2 1/4% nel 1951, venne aumentata ogni anno finché non raggiunse il massimo di 4 7/8% nel 1970. Inoltre anche le quote sul datore di lavoro e sul dipendente sono aumentate dall'1% iniziale al limite del 3 1/4% nel 1970.

Questo libro si occupa della tassazione dei redditi, non della previdenza sociale, cosa che avrebbe bisogno di un libro a sé. Ma avendo lo scopo di mostrare come il Sedicesimo Emendamento abbia cambiato il nostro paese economicamente, politicamente e moralmente, non c'è esempio migliore di questo cambiamento riguardante il funzionamento del ramo previdenziale della tassazione dei redditi ed i suoi effetti sull'individuo della nazione. Nonostante il fatto che la previdenza sociale sia una truffa a tutti gli effetti, ci sono molti che, ignorando l'evidenza, la sostengono perché "non dobbiamo lasciare che i vecchi soffrano di miseria".

Ciò implica che prima del 1937 era abitudine per i figli far morire di fame i loro genitori non produttivi. Non vi è alcuna prova di ciò, e non ci sono dati che supportano l'insinuazione che tutti i sessantacinquenni morissero di fame regolarmente.

L'attuale gruppo di figli è altrettanto rispettoso dei loro vecchi così come lo era quello pre-1937, ed è una certezza che se le loro buste paga non fossero state intercettate sarebbero stati in una posizione migliore per mostrare la loro devozione filiale. Inoltre, se il governo non avesse preso così tanto dei nostri guadagni, saremmo stati più capaci di risparmiare per i nostri giorni futuri.

Il fatto è che non esiste una cosa come la previdenza *sociale*; solo l'*individuo* invecchia e si ritrova nel bisogno. La società non è mai nel bisogno e non invecchia mai, semplicemente perché la società non è una persona. La previdenza per le esigenze della vecchiaia è sempre stata un problema della vita, ed ogni persona a modo suo ha cercato di risolverlo.

Pagare il mutuo sulla vecchia casa in modo che si avrebbe sempre avuto un tetto sopra la testa era un modo; accumulare un gruzzolo di denaro era un altro; la rendita assicurativa è la forma più recente di previdenza. Questo metodo di prendersi cura di sé attraverso il risparmio, tuttavia, richiede fiducia in sé stessi, e questo è esattamente quello che i sostenitori della previdenza sociale distruggerebbero. È in contrasto con l'intera filosofia del socialismo. Se all'individuo viene permesso di cambiare, non ci sarebbe bisogno dei servizi degli auto-consacrati benefattori. Quindi è necessario sviluppare una psicologia da schiavo, un sentimento di dipendenza inerme dal gruppo. Se questo richiede l'uso del potere di polizia — e lo richiede sempre — tanto meglio; il che significa che esiste un'organizzazione burocratica con un interesse a proseguire la povertà.

Nel pensiero della previdenza sociale c'è in agguato un concetto di società organizzata che è fiele e assenzio rispetto all'Americanismo fondamentale. È il concetto che nella natura delle cose ci siano alcuni uomini destinati a governare e gli altri ad obbedire. È un dato di fatto che gli invocatori della previdenza sociale debbano fare ricorso al sistema delle caste per sostenere il loro sistema di "assicurazione". Sostengono che la previdenza sociale sia necessaria perché la maggior parte dei salariati sono incontinenti e devono essere protetti contro le proprie debolezze. Chi è più qualificato per occuparsi di loro?

Ohibò, coloro che sono stati consacrati con diplomi appropriati e sono stati unti dal potere dello Stato. Era proprio a questo concetto padre-figlio della società che mirava Bismarck, e per questo motivo introdusse la previdenza sociale.

Nella sua filosofia politica era assiomatico che la classe Junker fosse investita da Dio per governare la Germania. In correlazione, era un obbligo di tale classe occuparsi del benessere dei governati.[14]

In una società feudale, dove l'economia è quasi interamente agricola e le persone non si muovono da un posto all'altro, era abbastanza semplice per il signore capire che i suoi locatari vecchi e malati erano mantenuti. Ma questo rapporto diretto tra governante e governato non poteva essere mantenuto in una economia industriale, ed al tempo di Bismarck, l'industria stava sconvolgendo il sistema feudale. La previdenza sociale venne in suo soccorso; era proprio quello di cui aveva bisogno per far funzionare il suo concetto feudale di governo. Se qualcuno avrebbe potuto far funzionare la previdenza sociale, quelli sarebbero stati gli Junker.

Erano per tradizione e per indipendenza economica liberi dalle tentazioni della carica; non erano legati ad un elettorato sia per il loro reddito che per la loro posizione. E tuttavia, non furono in grado di costruire una società sana sulla previdenza sociale. La ragione del fallimento della previdenza sociale in Germania, ed ovunque venne imbastita, è psicologica, non politica.

---

14 Disse Bismarck: "Riconosco incondizionatamente il diritto al lavoro e lo difenderò finché mi troverò in questo paese. Ma qui non sto difendendo il Socialismo… ma la legge comune Prussiana". Tale legge comune Prussiana, stilata durante diversi regni, ed infine codificata e promulgata da Federico II, conteneva le seguenti voci: è compito dello Stato fornire sostentamento e sostegno a quei cittadini che non possono […] fornire assistenza a sé stessi; dovrebbe essere appoggiato il lavoro adattato alla forza ed alle capacità di furto […]; lo Stato ha diritto e dovere di prendere contromisure per prevenire la miseria dei suoi cittadini e tenere sotto controllo la stravaganza eccessiva.

Quando l'individuo è esonerato dall'obbligo del rispetto di sé, acquisisce le abitudini dell'impotenza; è incline a ritirarsi nella previdenza dello stato prenatale. Più viene accudito, più vuole essere accudito.

Negli ultimi 20 anni, grazie alla filosofia prevalente della previdenza sociale, è diventata un'abitudine nella mente dei giovani Americani considerare il governo come loro tutore permanente; l'idea che uno sia responsabile per sé stesso viene sbeffeggiata come "reazionaria". È quasi impossibile convincere un giovane nato dopo il 1920 che accettare un sussidio dal governo sia degradante — o che l'intero business della previdenza sociale sia una frode.

Ci sono alcuni sostenitori della previdenza sociale che sostengono che possa essere separata dalla politica e gestita secondo principi assicurativi sani. Potrebbe, ma non dal governo; che, tuttavia, non è ciò che si pensa che sia. Si presume che il governo possa far funzionare un'attività assicurativa onesta, restando molto vicino a cifre attuariali nel determinare i pagamenti delle polizze. Ma come può un'attività del governo sbarazzarsi della politica? Soprattutto un governo che si basa sul suffragio popolare?

Qualsiasi tentativo di limitare i pagamenti previdenziali con cifre attuariali solleverebbe un urlo di protesta, un urlo che avrebbe un'eco fino alle elezioni successive. I politici hanno convinto il cittadino Americano che il governo gli deve il sostentamento, come una questione di "diritti", e cosa c'è di più facile che chiederne di più? E l'aspirante alla carica dovrebbe essere molto al di sopra della media se non ne ha promessi di più.

Se dovesse dire al cittadino che l'intera faccenda è una truffa, che solo una compagnia di assicurazione privata può gestire tale business su una base solida, sarebbe sconfitto alle urne.

In Germania, la filosofia della previdenza sociale del governo ha portato a quella decadenza morale che ha facilitato l'avvento di Hitler. In Inghilterra, ha trasformato in mendicanti le persone che una volta erano orgogliose. Che cosa farà all'America?

Nel 1943, approfittando della guerra, il governo federale esercitò ulteriori pressioni su coloro in possesso di redditi modesti; promulgò una legge che imponeva ai datori di lavoro di detrarre il 20% dalla busta paga del lavoratore, o dall'assegno, per conto del governo. Il governo spendeva il denaro così in fretta che non poteva aspettare la fine dell'anno per gli incassi. Doveva apportare il taglio al reddito prima che il percettore lo vedesse. In linea con questa urgenza, richiedeva alle aziende ed ai professionisti e uomini d'affari di pagare ogni trimestre, in anticipo, un certo importo dei loro guadagni.

Le misure istituite dal governo durante la guerra hanno un modo di perpetuare sé stesse in tempo di pace. Il governo è incapace di rinunciare al potere. E così, la ritenuta d'acconto e le tasse *pay-as-you-go* sono ancora in vigore e continueranno ad esserlo. E, naturalmente, il governo troverà una buona ragione per spendere i soldi tanto velocemente quanto li incamera, o più velocemente. Nonostante il suo mostruoso prendere dalla produzione ed i suoi mezzi per accelerare la raccolta, le sue spese superano le entrate e l'eccesso viene ogni anno accudito da ciò che è noto come "finanziamento del deficit".

Questo, come ogni spendaccione sa, vuol dire prendere in prestito incuranti delle entrate attese; vuol dire prendere in prestito contro il futuro.

Ma mentre lo spendaccione privato è tenuto al guinzaglio dalla minaccia di fallimento, il governo non è ostacolato da una tale paura; può stampare i soldi o qualcosa di equivalente al denaro, e costringere i cittadini e le banche ad accettare questa carta in pagamento dei suoi debiti; può rubare ai suoi sudditi col trucco dell'inflazione, e quindi aumentare la sua spesa eccessiva.

La vera ragione per l'esistenza della ritenuta d'acconto è la riluttanza dei lavoratori a condividere il proprio reddito con il governo e le conseguenti difficoltà della raccolta. Per superare questo handicap, il governo ha semplicemente reso i datori di lavoro degli esattori delle tasse involontari e non retribuiti. Si tratta di una forma di coscrizione. Ignorando il diritto alla privacy, che è un elemento essenziale della libertà, gli agenti del governo possono, secondo la legge, invadere l'ufficio del datore di lavoro, chiedere i suoi conti, e punirlo per qualsiasi infrazione che a loro avviso abbia commesso; possono sequestrare i suoi beni ed infliggere una penalità per non aver raccolto le tasse per il governo.

Questa violazione dei nostri diritti è stata evidenziata da Miss Vivien Kellems, una produttrice del Connecticut, diversi anni fa. Mettendo alla prova la costituzionalità della legge, Miss Kellems si rifiutò di raccogliere le tasse e notificò al Governo la sua intenzione. Chiese di essere incriminata in modo che la questione sarebbe potuta essere portata in tribunale.

Allo stesso tempo, istruì i suoi dipendenti a pagare regolarmente le tasse, li aiutò a calcolare gli importi, e fece in modo che avessero la prova del pagamento. Il governo si rifiutò di incriminarla. Piuttosto, i suoi agenti, senza ordine del tribunale (il governo non è ostacolato da tali formalità), sequestrò il suo conto in banca e la multò per la mancata riscossione delle imposte. L'unica cosa che poté fare date le circostanze, fu quella di denunciare il governo per recuperare il proprio denaro. In ciò ebbe successo. Ma la questione della costituzionalità venne assiduamente evitata dagli avvocati del governo, da trucchi legali, e non fu mai in grado di portare in discussione tale argomento. Le leggi sono fatte per i cittadini, non per il governo, affinché obbediscano.

Vi è grave questione per quanto riguarda la costituzionalità della ritenuta d'acconto. Ma questa non è una conseguenza; la Costituzione si è spesso dimostrata suscettibile alle considerazioni politiche.

Il punto principale è che il Sedicesimo Emendamento ha allargato l'area del potere governativo, e di conseguenza ha ridotto l'area della libertà.

Capitolo 7: Corruzione e corruzione

"L'imposizione della tassa [sul reddito] corromperà il popolo. Porterà al suo seguito la spia e l'informatore. Sarà necessario uno sciame di ufficiali con poteri di inquisizione. Sarà un passo verso la centralizzazione... Rompe un altro canone della tassazione poiché è costosa nella raccolta e non può essere imposta equamente; ...e, finalmente, è contraria alle tradizioni e ai principi del governo repubblicano". DEPUTATO ROBERT ADAMS, 26 Gennaio 1894.

La parola "corruzione", nell'uso Americano, suggerisce l'uso di una carica per il miglioramento del politico. Il termine ha altri significati. Il fatto che il suo significato politico sia il primo a venire in mente, indica che la pratica è comune. È perché gli uomini a cui affidiamo una carica sono naturalmente di carattere particolarmente abbietto, che la corruzione è così comune, o è perché le opportunità di migliorare la propria situazione sono così invitanti in un incarico pubblico? Poiché nella nostra forma di governo gli ufficiali non sono nati con una carica, ma vi sono giunti dalla vita privata, dobbiamo concludere che non sono né meglio né peggio del resto di noi, e che il loro deterioramento morale sia il risultato delle tentazioni che il potere politico ingenera. Perciò, maggiore è il potere politico maggiore è la corruzione. E il potere politico direttamente collegato alla ricchezza della nazione contiene le maggiori opportunità di corruzione. Che la corruzione all'interno dell'Internal Revenue Bureau corra ad alti livelli non ha bisogno di dimostrazione.

Sarebbe facile riempire molte pagine con notizie "sensazionali" raccontando meramente ciò che appare nella stampa pubblica, anche soltanto negli anni più recenti. Ma ciò sarebbe come servire un intero pasto di spazzatura, disgustoso e poco illuminante. È ormai parte della narrativa Americana che gli agenti del fisco siano sensibili alla corruzione, che "pressioni" hanno giocato un ruolo nell'aggiustamento di dichiarazioni contestate, che casi contro elusori fiscali siano stati annullati da superiori dopo che agenti sul campo avevano lavorato coscienziosamente su di essi. L'IRS stesso ha fatto alcune rivelazioni su tale malcostume, e il partito all'opposizione, sempre attento ai casi di "corruzione" in vista delle elezioni successive, ha sfruttato tutto ciò che poteva essere portato alla luce.

Sarebbe un miracolo se le cose fossero diverse. L'Internal Revenue Bureau è chiamato a far rispettare una legge immorale, una legge che viola il principio della proprietà privata. Il contribuente, sebbene blateri della propria volontà di pagare la sua "giusta quota" delle spese governative, in realtà trova la propria "giusta quota" sempre ingiusta. Ed è proprio così. Perfino i socialisti più ortodossi, mentre denunciano l'iniquità della proprietà privata, si risentono quando privati della propria; dopotutto il socialista è un essere umano.
È scritto nella nostra coscienza che "mio è mio", e tutti i tomi a supporto della tassa sul reddito non possono spazzare via questo pensiero.

L'Internal Revenue Bureau fa propria la visione che ognuno di noi è un potenziale fuorilegge, per ciò che riguarda la tassa sul reddito. Avvicinarsi al proprio compito con qualunque altro punto di vista ne indebolirebbe l'efficacia.

Ha nelle proprie mani una guerra contro la società, e per vincere questa guerra deve fare uso di tutti i trucchi di una guerra, come lo spionaggio, la delazione, e la forza. La società, d'altra parte, sebbene necessariamente sulla difensiva, non è necessariamente indifesa. Sa che la debolezza dei controllori del Fisco è che sono essi stessi esseri umani. Anche loro sono spesso a caccia di un facile introito. Perciò, l'inclinazione naturale dell'agente si mescola con la naturale inclinazione del contribuente ad arrivare ad un patto per circonvenire la legge innaturale. Perché attendersi qualcosa di diverso? Se l'accordo produce corruzione, dobbiamo guardare alla legge, non agli esseri umani coinvolti, per trovare la causa.

A favore dell'agente nella sua collusione con il contribuente è la disparità di numeri in questa battaglia; i potenziali evasori sono assolutamente più numerosi di un manipolo di esattori. Se il numero di agenti del fisco fosse aumentato fino a un adeguato bilanciamento, il costo sarebbe arrivato a erodere i profitti dell'operazione. Per ragioni politiche è necessario che il Fisco mostri che il costo della raccolta è minimo, in rapporto all'entità di denaro introitato. Sapendo questo, e sapendo anche che l'utilità del Fisco si misura con l'entità del gettito che è in grado di procurare, l'agente è inclinato a patteggiare un caso di tasse contestate; se, incidentalmente, l'accordo è accompagnato da una regalia clandestina, ancora meglio. Un senatore si sta attualmente rendendo noto per portare alla luce accordi dell'importo di alcuni centesimi di dollaro, mentre il contribuente, per quanto ammetta il suo debito nei confronti del governo, dimostra il suo stato di bancarotta virtuale. La risposta del Fisco è che "qualcosa è meglio di niente", dunque il senatore, incapace di dimostrare ciò che egli ovviamente sospetta, deve accettare la risposta sensata.

Che il lavoratore salariato non possa essere parte di tale corruzione è un fatto certo; non che ne sia al di sopra, ma ne manca l'opportunità; ciò che è trattenuto dalla sua busta è al di là di ogni appianamento. Inoltre, cosa può offrire in vista di una bustarella? Solo il contribuente nelle alte sfere è nella posizione di "fare affari" con gli agenti del fisco. Gli "affari" sono facilitati dalla complessità delle leggi disegnate per aggredire i loro introiti. Queste complessità, che risultano nell'interpretazione, che incoraggiano la corruzione, sono inevitabili.

Tutte le tasse provengono dalla produzione. Una legge che proponga una tassa che arresti la produzione sarebbe controproducente. Pertanto, nel disporre il quadro legislativo il governo deve cercare di trattenere tutto ciò che il traffico potrà sopportare senza che il traffico stesso si fermi. Il produttore deve essere autorizzato a trattenere guadagni a sufficienza per poter continuare a lavorare; la vittima non deve essere strangolata. Questo presenta un problema molto complesso nella legiferazione, specialmente quando la vittima è un'azienda molto grande e complessa; oppure quando la legge cerca di coprire ogni contingenza in tutti i settori industriali che costituiscono la complessa economia nazionale. Il legislatore deve trascurare qualcosa; non può anticipare ogni nuovo schema che l'uomo, nel suo desiderio di farsi strada nel mondo, riuscirà a pensare. Pertanto, emergeranno delle "scappatoie" nella legge, e in alcuni casi queste scappatoie sono deliberatamente introdotte nella legge su ordine di qualche importante gruppo di pressione.[15]

---

15 Una scappatoia deliberata e molto lucrativa è l'esenzione di cui beneficiano le organizzazioni educative religiose. Per queste organizzazioni è pratica comune acquistare immobili e poi affittare la proprietà al venditore. Il venditore incassa un basso affitto a lungo

L'imprenditore ingegnoso, cercando di "tener botta", si avvantaggerà di tali clausole della legge che erano solo volte a permettergli di restare sul mercato, dopo il pagamento delle tasse. Con l'aiuto di esperti contabili, trova invece il modo di trattenere alcuni dollari extra attraverso le "scappatoie" o scopre a sua volta nuove "scappatoie" non volute dai legislatori. Ma qui può venire in conflitto con gli agenti del governo, la cui opinione su ciò che sono spese legittime d'impresa può essere diversa dalla sua. È stato dedotto troppo per l'ammortamento? Il magazzino è stato valutato al valore reale, e qual è il valore reale? E che dire di quei grossi capitoli di spesa, quei costosi programmi di relazioni pubbliche? Sono proprio necessarie per l'andamento dell'impresa?

L'agente dice questo, il contribuente dice quest'altro, e così abbiamo la genesi di una costosa disputa legale. L'inclinazione naturale del contribuente è quella di cercare altre vie d'uscita, e a volte l'agente è abbastanza disponibile a "ragionare".
La corruzione è scritta nella legge.

Ad ogni modo, se la corruzione fosse limitata al mero dare o ricevere tangenti, dirette e indirette, potremmo catalogarle come di secondaria importanza; è semplicemente l'inevitabile incidente conseguenze all'operatività di una legge immorale.

---

termine, che il compratore è in grado di pagare grazie alla esenzione degli introiti concesso quale istituzione "no profit". Il Concilio Americano per l'Educazoine ha recentemente stimato che il 40% di tutte le dotazioni alle università e college sono ora investiti in imprese private, i cui guadagni non sono tassabili poiché dichiarate per uso educativo. Anche gli utili di imprese dirette da sindacati sono esentasse, così come gli utili da intense operazioni immobiliari condotte dalle chiese. Perciò si è sviluppato un forte interesse verso le esenzioni.

Di ben più grande preoccupazione è l'uso della tassazione dei redditi per minare i principi del governo repubblicano e di prendersi gioco della nostra tradizione di libertà.

Nel 1931, prima che l'arroganza del potere federale avesse raggiunto il punto al quale l'amministrazione di Franklin D. Roosevelt alla fine la portò, iniziò il famigerato caso di William H. Malone. Quest'uomo, che corse per il governatorato dell'Illinois nel ticket Repubblicano del 1932, fu Presidente della Commissione delle Tasse dell'Illinois. In quella posizione aveva danneggiato la società Pullman e la Chicago Traction Lines; ovvero, aveva preso decisioni sfavorevoli ai ricorsi sulle tasse di queste compagnie. Il loro risentimento sfociò in un desiderio di vendetta. In qualche modo questo sentimento trovò espressione in un caso contro Malone, istruito all'Internal Revenue Bureau, per "evasione volontaria" delle tasse sui suoi redditi.

Il caso durò sei anni. Il registro di questo caso, raccontato in un libro intitolato *They Got Their Man,* di Elmer Lynn Williams, indica che i testimoni furono coartati e minacciati, che furono pagate bustarelle per assicurare una condanna, che il Procuratore Distrettuale, che più tardi divenne Giudice, condusse il processo con "la furia di una disputa politica". Il giudice presidente, che condannò Malone a due anni nel penitenziario, era conosciuto per essere attivo nella campagna del Procuratore Distrettuale per il Senato degli Stati Uniti. Va sottolineato che Malone contestò alcune imposte a lui imputate, che promise di pagare la somma in questione qualora il Consiglio d'Appello del fisco avesse deciso contro di lui, e che cooperò con gli agenti investigativi, così come essi stessi testimoniarono.

Ciononostante, l'imputazione era "evasione volontaria", che è un reato penale, e Malone fu spedito in prigione. Era un politico indesiderato. Sedici anni più tardi, un caso simile esplose a Boston. Un uomo d'affari di sessantaquattro anni decise di mettere le sue capacità a disposizione del servizio pubblico. Si presentò nel ticket Repubblicano per il Consiglio Generale e fu eletto. Prima della sua elezione aveva avuto qualche dissidio con il Commissario del lavoro, che proveniva dalla sua stessa città. Dopo l'elezione raccomandò al Governatore il licenziamento di quest'uomo dalla sua posizione. Il Commissario del Lavoro così licenziato fu assetato di vendetta. Era un membro leale del partito al governo federale. Se questo ebbe qualcosa a che fare o no, il fatto fu che poco dopo essersi insediato, Alfred Calvin Gaunt fu indagato dall'Internal Revenue Bureau per "evasione volontaria".

Il caso riguardava la valutazione degli ammortamenti; c'era una disputa sul valore che Gaunt dichiarò per il suo stabilimento nel 1931, che di contro ebbe una portata sulla sua dichiarazione dei redditi. Nell'investigazione, Gaunt, come Malone prima di lui, non nascose nulla agli agenti, al contrario fece di tutto per dare loro ogni piccola prova in suo possesso andando indietro nei registri fino a che loro lo volessero. Non ci fu certamente nulla che potesse essere definita "turpitudine morale" nel suo comportamento o nel suo background, e sembrava che tutto ciò che il Fisco potesse chiedergli fossero tasse addizionali, basate su una diversa valutazione della fabbrica, più interessi e penalità. La conduzione del caso, invece, indica che il Fisco agiva sotto pressione politica. Volevano Gaunt, non il suo denaro.

Lo ebbero. Fu condannato a diciotto mesi di carcere. I due casi hanno il medesimo significato, e sono presentati quale esempio poiché avvennero sotto due amministrazioni federali diverse. La composizione del regime al potere non fa alcuna differenza; il Fisco è un ente inquisitorio auto-manovrato.
Ha i mezzi per infastidire, intimidire e distruggere il cittadino che cade sotto il suo sfavore.

Nei due casi citati il punto di partenza fu una diversa opinione sulla correttezza di una registrazione contabile. Il Fisco avrebbe potuto fare causa per il recupero delle tasse, una causa civile; scelse di portare avanti l'accusa di "evasione volontaria", un caso di rilevanza penale. Il Fisco ha questa facoltà di scelta. Le leggi fiscali sono così intricate, e lo sono ancora di più dalle interpretazioni del Fisco e dalle decisioni dei Tribunali Fiscali, che è virtualmente impossibile per un contabile essere sicuro della correttezza del proprio metodo per giungere ad un reddito tassabile, o che il suo calcolo delle imposte da pagare sia indiscutibile. I tecnicismi che il Fisco può utilizzare sono legioni. Pertanto, quando il Fisco ritiene di "pizzicare" qualcuno, ha ampi mezzi a sua disposizione. E la sua malvagità nel perseguire una vittima prescelta, come nei casi menzionati, è senza tregua, per il semplice fatto che la sua reputazione di successo è in gioco. Non deve fallire. Questo è ciò che il Senatore Schall del Minnesota ebbe da dire a proposito di questa fase di corruzione:

Un caso lampante di un'agenzia governativa che costituisce una minaccia ai cittadini è l'Income Tax Bureau, che spesso travalica i limiti costituzionali e frequentemente infastidisce i cittadini con esazioni ingiuste e con la condotta oppressiva dei suoi agenti.

Questo sistema ha un difetto che è fondamentale. È la mancanza di certezza, che coinvolge non solo il tempo e le modalità di pagamento, ma anche l'importo chiaro, definito e fisso. Mentre il Fisco è una Babele di regolamenti e opinioni in conflitto, si crede così ammantato di autorità garantita e autoreferenziale, e dal suo carattere anonimo, che osa perfino attaccare i cittadini accusandoli di frode senza alcun sostanziale pretesto o causa...

Il Fisco è inquisitorio. È burocrazia. Washington è intasata dei suoi uffici. Le sue forze sciamano su tutta la nazione, e la dottrina cardinale sotto la quale opera è di incutere timore nei cittadini. Agenti, spie e ficcanaso infastidiscono e ammorbano i cittadini. Gli agenti, raramente di alto rango dal punto di vista di perizia o carattere, devono dimostrare risultati a qualunque costo. L'Agenzia li valuta per una promozione o per un aumento di salario, o meglio ancora per l'albo d'oro, non su quante tasse hanno finalmente recuperato per il governo, ma per gli importi che per primi hanno addebitato al contribuente.

La pratica consente e favorisce, se non manovra, una specie di ricatto contro i cittadini Americani... Una volta iniziata la caccia, l'agente si prende l'autorità di giudicare fraudolenta le più innocenti delle transazioni, e il contribuente perfettamente onesto deve sottostare a disdegno, odio e accuse di criminalità e far fronte a forti spese per provare al proprio governo di non essere un criminale.

E non è tutto. Ci sono stati casi, per ovvie ragioni non molti sono stati pubblicizzati, nei quali i cittadini che avevano offeso il partito al potere furono immediatamente visitati dagli agenti del Fisco e soggetti a interrogatori e a controlli.

Naturalmente, il Fisco è nel suo pieno diritto nel fare ciò, e non c'è prova che le vedute dei cittadini muovessero queste investigazioni speciali. Non può essere provato che lo scopo fosse quello di imbavagliare l'opposizione. Ma la pratica è così ben conosciuta che i personaggi più abbienti hanno scrupolosamente evitato ogni coinvolgimento in movimenti critici dell'Amministrazione, anche se privatamente hanno in simpatia questi movimenti.

La corruzione della libertà a livello individuale è sufficientemente grave. Ma la corruzione della libertà su larga scala è peggio. Quando l'establishment politico si impegna a minare l'integrità del popolo nel suo insieme, per indebolirne la capacità di resistenza all'autorità, e perfino di indurli nell'accettarla, allora la libertà non ha gambe che la sostengano. Questo è esattamente ciò che causa la tassazione del reddito, in particolar modo con l'arma delle esenzioni. Corruzione attraverso esenzione è la più insidiosa forma di corruzione.

Le leggi fiscali della Guerra Civile non esentarono chiese o enti educativi. Mentre pare che il governo non ottenesse un gran gettito da loro, uomini di chiesa ed educatori non avevano ragioni particolari per sostenere la tassazione sul reddito. A loro non piaceva più di quanto non piacesse ad altri cittadini. Se i difensori successivi della tassa sui redditi si ricordassero o meno di questo fatto non è dato a sapere; ma pubblicizzarono ovunque, quando l'Emendamento era in fase di dibattito, che la legge proposta considerasse esenti le entrate di enti "non gestite per profitto". Inoltre, promettevano, la legge avrebbe permesso ai contributori di tali enti di dedurre le donazioni dai loro redditi tassabili.

Il clero e gli insegnanti furono veloci nel vedere che questo privilegio avrebbe dato loro un vantaggio nella raccolta di donazioni, un vantaggio che diede spunto allo slogan: "Potresti darlo a noi piuttosto che al governo". Così la tassa sui redditi ebbe la meglio su una larga parte delle opinioni degli agricoltori.

Furono corrotti per supportare una legge immorale.

Prima del 1913, i testi economici non si curavano molto della dottrina della capacità di contribuire. Alcuni professori sostenevano le tasse sulle corporazioni, per scopi di introito, ma solo alcuni dei più infervorati socialisti tra di loro si avventuravano a sostenere la "tassazione per scopi sociali".

Oggi, *praticamente ogni libro di testo utilizzato nei corsi di economia delle nostre università proclama la virtù della tassazione progressiva dei redditi quale mezzo di "distribuzione della ricchezza".*

Sarebbe impossibile dimostrare se il privilegio dell'esenzione di cui beneficiano le università abbia nulla a che fare con questo cambiamento di opinione; ma l'illazione è giustificata. E ora che la tassa sui redditi ha raggiunto il punto in cui i donatori delle università non possono essere liberali quanto erano soliti essere, e le università hanno difficoltà a coprire le loro spese, c'è una grande tendenza a rivolgersi al governo per ottenere sussidi. Molti educatori sono preoccupati per paura che la loro beneamata "libertà accademica" soffra a causa dell'intervento del governo. In ogni caso, l'attitudine prevalente tra gli educatori nei confronti del *Big Government*, e di conseguenza di tasse più pesanti, è più che favorevole, e uno si domanda se questa attitudine sia influenzata dal bisogno dei loro istituti di raccogliere fondi.

E non si può fare a meno di domandarsi se i libri di testo di economia prodotti sin dal 1913 avrebbero trovato tanto positiva la tassazione sui redditi, e tanto negativa la proprietà privata, se questi istituti non avessero ottenuto dei benefici speciali solo a loro dedicati. Nel 1946, l'artificio della corruzione attraverso l'esenzione fu collegato ad una legge per la regolamentazione dell'attività di lobbying. Questa legge prevede che cittadini o gruppi che sono impegnati nell'attività di influenzare la legislazione siano registrati presso il governo. Il corollario di questa legge è che le organizzazioni di lobby regolarmente registrate non possono beneficiare di esenzioni di tasse sotto la clausola del "no profit" della tassa sui redditi; è interessante notare che gli enti religiosi che mantengono gruppi di pressione a Washington non hanno l'obbligo di registrazione, e perciò non mettono a repentaglio il loro stato di esentasse.

Gli effetti della legge sulla registrazione non erano quella di ridurre la pratica di lobbying, infatti, è diventato un business importante, tanto da intimidire i dirigenti delle fondazioni; per paura che potessero perdere i loro privilegi di esenzione dalle tasse qualora supportassero qualunque movimento che anche indirettamente potesse essere definito "politico", o "tentando di influenzare la legislazione", sono molto scrupolosi nell'esaminare le domande di donazioni. Devono devolvere denaro solo a imprese "educative", come se l'educazione fosse esente da pregiudizio ideologico. Così, la cosiddetta legge sul lobbying ha avuto l'effetto di corrompere gli americani fino all'abbandono del loro diritto di protesta.

Nel 1950, il regime al potere fece un tentativo di forzare la legge sul lobbying contro molte organizzazioni che tentavano di influenzare idee che non piacevano all'Amministrazione.

Il governo nominò un comitato Congressuale[16] per investigare sulle attività di lobbying, *ma per una strana coincidenza questo comitato selezionò e studio solo alcuni di quelli che erano opuscoli anti-collettivisti e pro-governo limitato.*

Il comitato iniziò la sua "investigazione" ridefinendo il lobbismo; asserì che ogni "sforzo sostanziale", intendendo ogni sforzo coadiuvato da un po' di denaro - di influenzare la legislazione deve essere ascritto al capitolo di "lobbying"; chiunque fosse dietro tale tentativo doveva essere registrato. Poiché le organizzazioni selezionate per la valutazione godevano del privilegio dell'esenzione dalle tasse, ciò significava, se il comitato l'avesse vinta, una perdita di gettito; i sostenitori di queste organizzazioni non potevano dedurre i contributi dalle loro dichiarazioni dei redditi.

Il comitato proseguì chiedendo a queste organizzazioni una lista dei loro donatori; questa insistenza su questa rivelazione aveva un solo scopo, ovvero intimidire e infastidire cittadini che sostenevano organizzazioni che non piacevano all'Amministrazione. Sebbene nulla scaturì dal lavoro di questo comitato, per ragioni politiche, il punto che le organizzazioni che beneficiavano di esenzioni fiscali avrebbero fatto meglio a stare attente, era raggiunto.

---

16 Il famigerato Comitato Buchanan. Edquard A. Rumely, il segretario esecutivo del Comitato per il Governo Costituzionale, fu citato per vilipendio al Congresso, e condannato alla prigione, per essersi rifiutato di dare a questo comitato una lista degli acquirenti delle sue pubblicazioni. Alla fine fu assolto da una corte di più alto grado, ma disse che il costo della causa, oltre alle perdite dovute alla cancellazione di ordini di libri da parte di acquirenti spaventati, arrivò alla cifra di 150.000 dollari. Il Comitato Buchanan raggiunse il suo scopo di ridurre le entrate di un'organizzazione dissidente.

La corruzione della libertà è proporzionale al deterioramento della moralità della popolazione. Perché un popolo che ha perduto la propria autostima non ha alcun bisogno di libertà. E la tassa sui redditi, trasferendo la proprietà dei legittimi produttori di ricchezza allo Stato, ha disintegrato a tal punto la fibra morale degli Americani che non si rendono nemmeno conto della cosa.

Grazie al gettito proveniente dalla tassa sui redditi, il governo è ora il più grande datore di lavoro del paese, il più grande finanziatore, il più grande acquirente di beni e di servizi; e, naturalmente, il più grande elargitore di elemosine. Milioni di persone sono dipendenti dal governo per vivere. Si appoggiano allo Stato, la "persona" proprietaria, così come il servo legato si appoggia al suo padrone. Gli chiedono sussidi e carità, e scambiano volontariamente la loro coscienza (così come la cabina elettorale) per il regalo del sostentamento. La tutela da parte dello stato, sotto forma di indennità di disoccupazione, case pubbliche, assegni per non produrre e regalie di ogni genere, è diventata la consuetudine per tirare avanti; e in questa abitudine ad accettare ed aspettarsi sussidi, l'orgoglio della personalità è perduto.

Dato che l'abolizione della tassa sui redditi minerebbe il valore delle obbligazioni governative nei forzieri delle banche, comporterebbe la fine delle sovvenzioni di cui prosperano produttori e agricoltori, spingerebbe milioni di persone che ora si sfamano alla mangiatoia pubblica verso un lavoro produttivo, e diminuirebbe i benefici particolari che gli ex-soldati si aspettano, chi ne sarebbe a favore? Il socialismo ha modo di corrompere la dignità umana.

Il deterioramento è un processo progressivo. Così come una parte usurata di una macchina avrà effetti anche su parti contigue e alla fine distruggerà l'intero meccanismo, così la perdita di un valore morale alla fine indebolirà il senso di moralità.

La tassa sui redditi, attaccando la dignità dell'individuo alla radice stessa, ha portato alla pratica di spergiuro, frode, inganno, e corruzione. Elusione o evasione delle imposte è diventato il grande gioco Americano, e i talenti del grado più alto sono impiegati nello sforzo di salvare qualcosa dalle grinfie dello Stato. Persone che nelle loro vite private sono al di sopra di ogni sospetto ricorreranno a qualunque sotterfugio per risparmiare qualcosa e perfino si vanteranno del loro ingegno. La necessità di cercare di tirare a campare sotto la tassa sui redditi ha fatto di noi un popolo corrotto.

Capitolo 8: Una possibile via d'uscita

Il tipo di socialismo americano conosciuto come New Deal è stato reso possibile dell'imposta sul reddito. Ma l'avvento della tassazione dei redditi ha reso inevitabile il socialismo.

Ci sono sempre state, e forse ci saranno sempre, persone che non lasceranno in pace gli altri. Conoscendo l'inclinazione umana a sbagliare, si sentono spinti dalla loro bontà di cuore a correggere questa imperfezione; quindi se ne escono con un piano che ha bisogno solo del potere politico per essere approvato. Il potere politico è l'elemento essenziale di ognuno di questi piani atti a migliorare l'essere umano.

Dal momento che tutte le imperfezioni dell'umanità nascono dall'attuazione della libera scelta, ne segue che la sola cura per queste imperfezioni è la soppressione della libera scelta e quindi percorrere la strada tracciata per loro dai pianificatori saggi. Percorrere con la forza: ci deve essere un guardiano affinché vegli che l'individuo non segua le proprie di inclinazioni.

Ma il guardiano deve vivere. Dal momento che non producono niente con cui poter vivere, sono gli altri a doverli sostenere. Di conseguenza i pianificatori devono possedere il modo per raggiungere la produzione che le persone osservate dal guardiano riescono a creare. Ciò significa tasse, e più saranno le tasse più sarà alto il numero di agenti.
Nessun piano può essere più grande della sua burocrazia.

L'imposta sul reddito è lo strumento ideale dei pianificatori. Non solo permette loro di prendere anche l'ultimo dollaro in mano ai produttori – per il loro bene, ovviamente – ma indebolisce anche la volontà di questi ultimi di resistere al piano. Meno proprietà possiede l'individuo, meno spazio avrà per esercitare la sua volontà. Deve conformarsi per necessità. Cioè, *il potere sociale diminuisce mentre il potere politico aumenta.*

L'imposta sul reddito è stata istituita nel 1913. Ma i cosiddetti miglioratori dell'umanità hanno potuto fare poco con essa, poiché la tradizione della libertà ancora teneva all'erta gli americani; ed i miglioratori erano confinati all'esposizione delle teorie e a fare la paternale alle folle su di una scatola di cartone usata come podio improvvisato.

La prima guerra mondiale, con i suoi costi tremendi, aprì un poco la porta; i politici acquisirono l'abitudine di aumentare le imposte. Ci volle la depressione del 1929 per far apparire l'opportunità di rimodellare l'America. Era l'opportunità che stavano aspettando. Il caos generato dalla depressione fece a pezzi la tradizione della libertà; la fame, e la relativa paura, ebbe il potere di spazzare via tutte le altre preoccupazioni. Gli americani erano disposti a dimenticare tutto ciò che avevano tenuto in grande considerazione per secoli in cambio della promessa di una rinascita economica. I pianificatori erano pronti e pieni di promesse.

Non le mantennero mai, ovviamente, e dovettero ricorrere alla guerra per permettere all'economia di dare segni di vita; ma avevano acquisito potere e questo era tutto quello che importava per loro.

Se non fosse stato Roosevelt e la sua banda di lacchè visionari, sarebbe stato qualcun altro. Il New Deal, o qualcosa del genere, venne piantato quando il Sedicesimo Emendamento venne inserito nella Costituzione. Aveva solo bisogno di un buon fertilizzante, come la depressione, per crescere. Qualunque politico si fosse trovato in quel momento ad affrontare quella situazione, avrebbe agito più o meno come agì Roosevelt.
Questo perché *l'attività da lui svolta, la politica, conduce i politici verso l'acquisizione di un potere sempre crescente ed un buon politico è uno che trae vantaggio da ogni situazione grazie alla quale può aumentare il suo potere.*

Roosevelt era un politico eccellente.

Una volta che il socialismo prende il sopravvento in un Paese, non c'è niente che lo possa sradicare eccetto un collasso dell'assetto politico, o attraverso una guerra o attraverso una rivoluzione. Quest'ultima via è la meno promettente, perché sotto il socialismo la volontà di resistere s'indebolisce man mano che le persone diventano accondiscendenti nei confronti della burocrazia. Poiché questo sembra il solo modo per sopravvivere, assecondano le condizioni imposte su di loro; perdono l'abitudine dell'amor proprio. Quindi in questo Paese è diventato quasi normale che i banchieri e gli industriali alzino le loro "tazze per le elemosine" e allunghino il braccio verso Washington, che i veterani ed i disoccupati chiedano elargizioni sociali, che gli agricoltori si aspettino sussidi, che le varie lobby vengano sovvenzionate. Tutto ciò diventa la normalità; la libertà, che richiede autonomia, finisce fuori moda. Se per caso arriva un politico e domanda l'abbandono di questo paternalismo, così come l'imposta sul reddito, è probabile che venga ignorato dal popolo.

Anche se i politici dovessero evitare una guerra – una che decimerebbe la popolazione e distruggerebbe l'economia – quale sarebbe il passo successivo sulla strada verso il socialismo? Il comunismo. Lo scopo del socialismo è di porre il controllo della società nelle mani del governo centrale attraverso il controllo dell'economia. Ma se gli individui persistono a voler aggirare l'establishment politico, mediante i "mercati neri", o se seguono dottrine avverse all'interesse del gruppo dirigente, allora la libertà, soprattutto la libertà di pensiero, deve essere soppressa. Questo è comunismo.

La transizione dal socialismo parziale a quello completo, dal New Deal al comunismo, non sarà facile in questo Paese, perché le fasi della libertà ancora sono alquanto difese. Ma se ci fosse una guerra, o una minaccia costante di una guerra, o addirittura un'altra depressione, il flebile ricordo della libertà verrebbe completamente oscurato; *chiederemmo il palesarsi di un salvatore e otterremo il comunismo.*

Non sarà esattamente come quello in Russia; sarà una versione americana.

Non c'è speranza? L'America, il più grande esperimento di libertà nella storia del mondo, non può essere salvata dal destino che il socialismo sta preparando per lei?

Quando venne messo in piedi questo Paese, i Padri Fondatori, o per progettazione oppure per necessità, ordirono un dispositivo che fungesse da blocco alla completa socializzazione: la divisione dell'autorità tra i vari stati ed il governo federale. Questa separazione diede origine alla dottrina dei Diritti degli Stati.

I capitoli successivi di questo libro tenteranno di mostrare come questa dottrina possa essere impiegata per impedire la venuta di un socialismo completo, o l'assolutismo, in questo Paese. Ovviamente la dottrina dovrà essere implementata insieme ad una volontà di abrogare il Sedicesimo Emendamento; ma una tale volontà può essere generata, perché è nell'interesse dei quarantotto establishment politici che questo Emendamento venga abrogato.

Capitolo 9: Concorrenza tra governi

Il terreno politico americano, per così dire, è favorevole per una lotta per la libertà. Questa tradizione, sostenuta da una dottrina costituzionale dei Diritti degli Stati, rappresenta un ostacolo gigantesco per le forze del collettivismo. Loro stessi lo ammettono.

Nel New Deal socialista i suoi leader riconobbero che la divisione dell'autorità tra i governi statali e federali era un netto impedimento per i loro piani. S'erano dati da fare per aggirare, se non scavalcare, i confini statali. Nel 1940 la National Resources Committee di Roosevelt in un documento intitolato *Regional Factors in National Planning*, disse che la nazione dovesse essere divisa in una dozzina di aree regionali, in modo da formare una base per la coordinazione dei servizi amministrativi federali. Avendo riconosciuto che ciò che stavano proponendo violava la Costituzione, si affrettarono ad offrire garanzie: il sistema regionale, dissero, "non dovrebbe essere considerato una nuova forma di sovranità". Sarebbe stato da sciocchi dire qualcosa di diverso, dal momento che la consolidazione degli stati in una unità nazionale richiede, in base alla Costituzione, l'azione congiunta di Congresso ed i vari stati. Ciononostante quel documento spingeva per un sistema nazionalizzato. La commissione insisteva che fintanto che "fosse esistita la divisione dei poteri costituzionali", il governo centrale aveva le mani legate per la gestione dei "problemi nazionali". A quei tempi la propaganda insisteva che i singoli stati erano "finiti".

Era questa la tattica dei collettivisti: i vari stati dovevano essere spazzati via o ridotti nel loro status. Successivamente scartarono l'attacco frontale al nostro sistema tradizionale e cercarono di liquidare l'autonomia degli stati accusando i funzionari statali di corruzione.

Quando si scava a fondo nella tradizione dei Diritti degli Stati, si capisce la validità delle tattiche dei collettivisti. Le difficoltà giuridiche che presenta la divisione dell'autorità non sono la loro preoccupazione principale; possono essere aggirate tramite nuove leggi, accordi politici ed interpretazioni giuridiche.[17] L'ostacolo reale è la resistenza psicologica alla centralizzazione incarnata dalla tradizione dei Diritti degli Stati. Il cittadino con opinione diversa non può essere accusato di sovversione; se vuole servire due dei politici non può essere dominato da entrambi.

La storia ce lo dimostra. Nessuna autorità politica ha mai raggiunto l'assolutismo finché il popolo non è stato privato della scelta di fedeltà. I primi Cristiani venivano perseguitati perché mettevano Dio al di sopra del Cesare, nonostante pagassero tasse all'establishment politico.

---

17 Uno strumento per invadere l'autorità degli stati, sotto il nome di "stato sociale generale", è l'istituzione delle cosiddette "autorità", delle quali il Tennessee Valley Authority è il prototipo. Mettendo da parte la desiderabilità economica di queste agenzie, o la loro capacità di svolgere un lavoro che sarebbe meglio svolto dal settore privato, rappresentano una minaccia diretta all'autonomia dei singoli stati. Sono, di fatto, "autorità" sul suolo di cui si occupano. Dal punto di vista politico sono estranee dai singoli stati. Questi ultimi non raccolgono *tasse* dal governo federale e perdono anche le entrate fiscali che gli utilizzatori privati di questo suolo una volta pagavano loro (Il TVA fa una "donazione" generosa agli stati, per compensare le tasse perdute).

La liquidazione delle religioni adottata da Stalin arrivò in seguito alla sua premessa che il Soviet era l'unica divinità. Mussolini è sempre stato preoccupato dalla presa che la Chiesa Cattolica aveva sul popolo, e Stalin non sarebbe stato Stalin se non avesse messo in ginocchio la chiesa ortodossa. E così, anche se il californiano pensa d'essere un californiano e un americano e ha due bandiere per supportare la sua convinzione, l'autorità centrale cammina su un terreno scosceso.[18]

In nessun Paese dove il centralismo l'ha sfangata il regime ha dovuto affrontare un'autorità divisa come dispone la nostra Costituzione.

Prima di Hitler, Bismarck liquidò gli stati autonomi tedeschi. La marcia di Mussolini su Roma non sarebbe partita nel diciannovesimo secolo quando l'Italia era un agglomerato di unità indipendenti. E, ovviamente, lo zar cedette a Lenin un governo totalmente centralizzato.

In questo Paese i sostenitori del centralismo hanno avuto vita difficile a causa della nostra tradizione dei Diritti degli Stati.

---

18 Per gli americani di una volta il proprio governo statale era come minimo al pari del governo federale. Illuminante è il seguente esempio: il presidente Washington stava per arrivare a Boston per una visita, ed il Governatore Hancock era turbato da un fatto di protocollo; avrebbe compromesso la dignità del Commonwealth del Massachussetts se avesse incontrato il "padre del suo Paese" all'arrivo, o sarebbe stato meglio che il presidente effettuasse una fermata nella capitale? Il governatore infine risolse il problema dandosi malato... Ciò che ne seguì non ha importanza. Al presidente Washington venne chiesto di passare in rassegna la milizia; rifiutò dicendo che la milizia era il braccio militare dello stato, non del governo federale; dopo tutto a quei tempi sarebbe stato normale che la milizia avesse potuto essere mobilitata per affrontare quella federale.

È una tradizione più vecchia della Costituzione e della Rivoluzione. È un marchio che abbiamo sin dalla nascita.

Il popolo che aveva scacciato gli inglesi ne aveva avuto abbastanza di governi illimitati. Se avesse avuto un nuovo governo nazionale, sarebbe stato decisamente diverso da quello che avevano buttato fuori. Avrebbe riposto fiducia in un governo di vicini, poiché una tale organizzazione poteva essere monitorata e gestita. Il popolo era a favore dell'Unione, ovviamente, poiché con essa aveva scacciato il tiranno straniero e voleva qualcosa che avrebbe corretto le imperfezioni che l'Unione stessa aveva. Allora vennero mandati delegati alla Convenzione di Philadelphia per correggere queste imperfezioni. Ma il popolo non voleva un'Unione che assomigliasse al governo che aveva mandato via.

Quando la Convenzione se ne uscì con una nuova Costituzione, il popolo la guardò con sospetto. La ratificazione della Costituzione non fu per niente facile. Secondo la letteratura anti-ratificazione dell'epoca, dimenticata dagli storici federalisti, il tema principale voleva che il governo centrale potesse intervenire negli affari locali ed in quelli privati. La diffidenza nei confronti di questo punto la ritroviamo nella composizione stessa della Costituzione. I Padri Fondatori fecero molta attenzione a rendere chiaro che il nuovo governo federale avrebbe avuto poteri specifici e nient'altro.[19]

---

19 Nel numero 45 del *The Federalist*, Madison scrive: "I poteri delegati dalla Costituzione al governo federale sono pochi e definiti. Quelli che rimangono ad appannaggio dei governi statali sono numerosi ed indefiniti. I primi saranno esercitati principalmente su cose estere, come la guerra, la pace, la negoziazione ed il commercio estero... I poteri riservati ai vari stati si estenderanno a tutte le cose che, nel corso degli affari ordinari, riguardano le vite, le libertà e le proprietà delle persone, e

Qualunque altro potere non nominato nella Costituzione sarebbe rimasto nelle mani dei singoli stati. Nessun altro tipo di Costituzione sarebbe potuta andare bene.

Bisogna rivolgersi alla storia pre-rivoluzionaria per identificare l'origine dei Diritti degli Stati, ma per la nostra indagine è sufficiente mostrare che è l'americanismo essenziale, un pizzico di folklore appreso sin dalla nascita della nazione. Sia i Padri Fondatori che gli oppositori alla Costituzione concordavano sul principio dell'autorità divisa come salvaguardia dei diritti degli individui. Nessuno (eccetto qualche sostenitore della monarchia) lo poteva mettere in dubbio. L'unico dilemma era se la separazione fosse abbastanza definita. È un peccato che la dottrina dei Diritti degli Stati sia stata macchiata dal settarismo e dal razzismo, ed il suo significato originale abbia perso il suo vecchio valore. Forse dovrebbe essere cambiato con qualcos'altro, come "home rule"; ma il punto essenziale, che *l'autorità divisa sia il baluardo della libertà*, è la base dell'americanismo e dovrebbe essere sempre tenuto in considerazione. Può essere impugnato in una battaglia per abrogare il Sedicesimo Emendamento.

Ma perché la libertà è più importante quando l'autonomia degli stati è integra? Non c'è alcun vizio nel governo nazionale che non possa essere replicato dal governo di una suddivisione; si sa che anche gli sceriffi di contea si prendono libertà con i diritti dei cittadini. Se vivessimo in quarantotto nazioni separate, il nostro destino, come individui, potrebbe essere peggiore.

---

l'ordine interno, miglioramento e prosperità dello stato". E così via; promessa dopo promessa che i governi statali saranno liberi in tutti gli aspetti tranne gli affari esteri. Madison descrisse il governo federale come il dipartimento degli esteri dei governi statali.

Alcune persone, usando la Svizzera come esempio, sostengono che più è piccola una nazione, più c'è libertà. Ma le dittature dell'America Centrale confutano tale tesi. La caratteristica del governo svizzero che spesso viene ignorata è la divisione dell'autorità tra establishment federali e cantoni. Questo è l'ingrediente essenziale: solo quando l'autorità centrale è tenuta a bada dalla concorrenza di altre suddivisioni autonome i diritti dei cittadini sono più sicuri.

La libertà è l'assenza di costrizioni. Il governo centrale non può dare la libertà, può solo toglierla. Più potere esercita il governo centrale, meno libertà avrà il suo popolo. E quando il governo centrale ha un monopolio della forza, il popolo non ha libertà. Questa è la definizione di assolutismo – monopolio della forza.

L'obiettivo del monopolio, in ogni campo, è quello di costringere il cliente ad accettare i servizi offerti dal monopolista secondo i suoi termini. É un accordo "prendere o lasciare". La concorrenza, dall'altro lato, costringe colui che offre un servizio ad assecondare gli standard imposti dai suoi clienti, e questi ultimi sono i giudici ultimi della competenza. Il beneficiario della competenza è il compratore. Per quanto riguarda i servizi del governo centrale – protezione della vita e della libertà – il cliente è il cittadino.[20] Esso lo servirà al meglio solo se potrà impostare i suoi standard, quando non gode di un completo monopolio della forza. Ciò porta con sé contraddizioni.

---

20 "Il primo obiettivo del governo centrale", dice Madison nel decimo numero del *The Federalist*, è la protezione della "diversità delle capacità degli uomini, dalla quale si originano i diritti della proprietà privata". Il concetto di governo sostenuto dai Padri Fondatori era decisamente opposto a quello che ha preso piede in questo Paese negli ultimi anni.

La teoria recita che il governo centrale deve avere un monopolio della forza per impedirci di usare la coercizione indiscriminatamente sugli altri; istituiamo un governo e gli conferiamo poteri speciali affinché mantenga l'ordine. Ciononostante l'esperienza ci ha mostrato che il monopolio che diamo al governo può finire per portare al disordine; il potere può essere usato per creare disarmonia e promuovere ingiustizia.

In tutto l'arco della storia coloro a cui è capitato il ruolo di comandare, per eredità o per selezione popolare, hanno mostrato una tendenza ad usare la loro posizione per dominare, non servire, i governati.

Di conseguenza, a meno che il monopolio della forza possa essere sconfessato, la libertà è sempre in pericolo. La comprensione di questo fatto ha dato vita all'idea del governo costituzionale, con poteri limitati. E come ulteriore vincolo al governo, è stato istituito il suffragio universale. Si presumeva che il voto avrebbe impedito al governo di avere carta bianca; la minaccia di essere spodestato alle elezioni successive si supponeva dovesse tenere a freno l'arroganza e l'ambizione di coloro nelle cui mani risiedeva il potere. Tuttavia durante il suo mandato il governo eletto gode di una posizione di monopolio e può usare tale posizione per solidificare, ampliare e perpetuare il suo potere; può anche usare il denaro versato in tasse dai cittadini per "comprare" le elezioni successive, o con tangenti o con la propaganda.

Il suffragio popolare non è affatto una garanzia di libertà.

Le persone possono benissimo votare per essere schiave.

L'unico modo, quindi, per impedire che il monopolio della forza diventi assoluto è creare un mercato concorrente; dare ai cittadini, ai clienti, una scelta della giurisdizione. Questo è esattamente ciò che ha realizzato il nostro sistema di autorità divisa, tra governi statali e federale. La Costituzione, come concepita originariamente, diede vita a nazioni indipendenti all'interno di una nazione indipendente – *imperium in imperio* – ognuna delle quali con poteri limitati. In questo modo si sperava che venisse impedita la polarizzazione del potere che indebolisce la libertà. Al governo centrale vennero date faccende specifiche da sbrigare; non poteva intervenire negli affari locali a meno che i governi statali non riuscissero a mantenere l'ordine. Se un governo statale diventava brutale con i suoi clienti, potevano benissimo cambiare la loro fedeltà a favore di un altro stato.

Questa divisione dei poteri rappresentava la cosa più vicina che si potesse immaginare ad una concorrenza tra governi. Finché è rimasta in vigore, o almeno finché il governo federale non ha invaso i confini statali (attraverso il potere conquistato col Sedicesimo Emendamento), il cittadino americano era tanto libero quanto fosse possibile in una società organizzata. Tranne che per le accise, o durante la guerra, il governo centrale non gli dava fastidio. A volte i governi statali adottavano innovazioni politiche, incluso il socialismo, che violava la sua libertà. Ma non si spingevano tanto altro con questi schemi, semplicemente perché il cittadino poteva cambiare aria a suo piacimento; a nessun governo piace perdere i contribuenti.

Quindi prima dell'Emendamento sul Proibizionismo, diversi stati e località adottarono questa legge santuario.

Si trattava di un'invasione dei diritti individuali, ma non fu mai più di una seccatura. Non c'era un monopolio della forza a sostegno. I cittadini potevano importare alcolici da territori vicini, o distillarli loro stessi. Fino a quando il proibizionismo non venne monopolizzato dal governo federale, il diritto dell'individuo ad ubriacarsi non poteva essere violato dalle leggi statali.

Sin dall'inizio gli stati hanno avuto il potere di imporre tasse sui redditi e un certo numero di essi l'ha fatto, ma nessuno s'è spinto tanto oltre quanto il governo federale e per buone ragioni. In primo luogo le relazioni cordiali tra gli esattori delle tasse locali ed i contribuenti; i governi statali non potevano importare "stranieri" da Washington per svolgere questo lavoro poco piacevole. Il politico locale è più attento al risultato delle urne rispetto al politico nazionale, e lui sa che niente farà innervosire le persone quanto una tassazione eccessiva. Molto importante è il fatto che, a parità di condizioni, il capitale, senza il quale la produzione è impossibile, è attratto in aree dove le tasse sono basse; per le camere di commercio era una pratica regolare, prima del Sedicesimo Emendamento, promuovere la libertà dall'imposta sui redditi nei loro stati come un modo per richiamare industrie, ed era normale migrare in stati che non avevano la tassa sull'eredità. Scappare dalle tasse è una vecchia tradizione e nessun governo statale vuole vedere la sua area perdere popolazione. Per queste ragioni alcuni degli stati abbandonarono l'imposta sui redditi e nessuno di loro fece ricorso a misure oppressive.

A volte si dice che si debba federalizzare la legge sul divorzio, cosa che sarebbe un'invasione delle nostre vite.

Fintanto che ci saranno diverse giurisdizioni che s'interessano di tal situazione, la sua moralità verrà lasciata nelle mani delle parti coinvolte. Una legge federale non impedirebbe la rottura dei legami coniugali, ma se fosse abbastanza stringente incoraggerebbe certamente la vita al di fuori del vincolo coniugale, con un conseguente aumento dell'illegittimità. Questa immoralità si moltiplicherebbe poi. Dal punto di vista della libertà, una legge federale ci vomiterebbe addosso una caterva di burocrati, ficcanaso e corruttori.

Proprio ora c'è una certa insistenza affinché il governo federale sradichi con la forza la stupidità dell'intolleranza razziale e religiosa, in particolare nei colloqui di lavoro. Questo è l'ennesimo esempio della sciocca iniziativa di rendere "buone" le persone mediante la legge – un programma socialista. È impossibile. Una legge sulle "assunzioni eque" può solo portare ad una maggiore intolleranza, concentrando le attenzioni su di essa. Una legge simile nello stato di New York non ha fatto altro che stimolare l'inventiva dei datori di lavoro e delle agenzie d'impiego affinché inventassero metodi per aggirare suddetta legge; la discriminazione è prevalente più che mai. Ma se al governo federale viene dato il potere d'imporre una legge sulla "occupazione equa", possiamo aspettarci un'armata di poliziotti corruttibili che passerà al vaglio tutte le imprese della nazione. Questa non è libertà.

Fintanto che la tradizione dei Diritti degli Stati rimane in vigore, possiamo evitare i pericoli dell'assolutismo in questo Paese. Infatti è proprio questa tradizione da cui dobbiamo dipendere se vogliamo abrogare il Sedicesimo Emendamento.

Capitolo 10: Unione per sempre

La guerra civile non abolì l'autonomia degli stati. Il conflitto verteva sulla secessione; nessuno stato poteva uscire dall'Unione o non rispettare una legge nazionale approvata regolarmente. Dopo il 1865, come prima, gli stati erano ancora i depositari di tutti i poteri non delegati nello specifico al governo federale, come stipulato nella Costituzione.

Dopo il 1913, e senza una guerra o un cambiamento nella legge, gli stati sono stati spogliati gradualmente e quasi impercettibilmente della loro posizione sovrana e ridotti in importanza a suddivisioni dipendenti della nazione. Questo risultato è stato ottenuto con la subdola arte della corruzione e del ricatto, grazie al Sedicesimo Emendamento.

Sin dall'inizio l'Unione è stata usata dai membri del Congresso per ottenere dal governo federale privilegi speciali per i loro sostenitori più influenti, o per appropriarsi di fondi federali da spendere nei propri stati. La "compravendita di voti" non è iniziata col Sedicesimo Emendamento. Tuttavia prima del 1913 il massimo che il partito al potere potesse fare per un membro del Congresso (o un governatore di uno stato), mediante una tangente, era garantirgli una carica da giudice o direttore di ufficio postale, un franchise occasionale, o un terreno.[21]

---

21 Durante gli ultimi anni il governo federale ha recuperato, acquistandola o facendosela concedere dagli stati, gran parte della terra che aveva distribuito per scopi politici durante il diciannovesimo secolo. Dal momento che questi sono diventati terreni federali, gli stati non possono raccogliere nessuna tassa su di essi. Si tratta praticamente di "suolo estero" fintanto che sono presi in considerazione i singoli stati: al di là della loro giurisdizione e niente rendite fiscali su di esso.

Tali favori aiutavano gli stati a parlare la stessa lingua del governo federale e ottenere il loro supporto per i suoi programmi; ma tale appoggio non era sufficiente a sottomettere gli stati. La manna che calava da Washington non era affatto sufficiente per comprare l'indipendenza degli stati o i voti dei loro cittadini. Nessun candidato del Congresso poteva offrire doni ai suoi elettori pagati da cittadini di altri stati.

L'inchiostro non si era ancora asciugato sul Sedicesimo Emendamento quando il sopraccitato insignificante appoggio federale venne trasformato in un programma sforna-doni.

Il primo di questi arrivò nel 1914 quando venne inaugurato l'Agricultural Extension Service con un'appropriazione di $480,000 – un ammontare del tutto significativo a quei tempi. Successivamente il Congresso trovò ragioni per approvare ogni anno una legge sullo "stato sociale generale", e le appropriazioni aumentarono di consistenza. Non è certo se lo "stato sociale generale" sia prosperato grazie a queste spese, ma è certo che non ne risentirono le fortune politiche dei politici che potevano vantarsi di "aver portato a casa la pagnotta".

Le leggi si moltiplicarono e le appropriazioni anche. È un fatto curioso che man mano che crescevano le entrate del governo centrale, crescevano anche i suoi bisogni.

Prima del 1913 il Paese finì in difficoltà diverse volte, ma non soffrì mai di "emergenze"; questa malattia nazionale è un prodotto dell'imposta sul reddito, e man mano che tale imposta è cresciuta, le emergenze si sono susseguite con una frequenza e un'intensità crescenti.

La guerra, o il suo spettro, è una "emergenza" molto importante e sin dal 1913 abbiamo avuto due grandi guerre, una "spedizione punitiva" e come minimo una "azione di polizia". Infine abbiamo ottenuto una coscrizione permanente in tempo di pace grazie ad una "emergenza", con i costi che ne derivano. In mezzo a tutto ciò c'è stata anche una depressione, nonostante ne avessimo passate già tante prima del Sedicesimo Emendamento. Il Paese ha provato ad uscire da questi precedenti disastri economici senza l'intervento federale; ma alla depressione del 1929 non è stato permesso di curarsi da sola; doveva essere gestita con le tasse.

Ogni "emergenza" post-Sedicesimo Emendamento è diventata un'occasione per alzare le tasse sui redditi su un bacino più ampio di persone.

La cosa strana riguardo queste tasse per le "emergenze" è che rimangono in auge nonostante scompaia la causa che le abbia rese necessarie.

Ad esempio, il francobollo prioritario prima della seconda guerra mondiale costava due centesimi l'oncia; venne aumentato a tre centesimi per tutta la durata del conflitto bellico. Le legislature successive resero permanente tale incremento. Forse altri fattori, come l'inflazione, resero necessaria la continuazione di questa scelta, ma questa è una ipotesi discutibile; il punto è che la promessa della legislatura originale non venne mai mantenuta. Allo stesso modo un grande "bisogno" ha accompagnato ogni aumento dell'imposta sul reddito, con la comprensione tacita o esplicita che la tassa sarebbe scomparsa quando il "bisogno" sarebbe venuto meno; ma ogni "bisogno" è diventato una necessità permanente.

Il suffragio popolare incoraggia il governo centrale a fare affidamento sui gruppi di pressione.

La prima preoccupazione di un politico è quella di essere eletto, la seconda è quella di essere rieletto.

Non importa quanto sia nobile di cuore, non importa quanto sia sincero il suo desiderio di salvare il Paese, le considerazioni pratiche lo obbligano a soddisfare le volontà di individui o gruppi che possono "portargli voti"; non può far nulla per il bene del suo Paese a meno che non sia in carica. Di conseguenza è incline a promettere di fare questo o quello a beneficio di coloro che lo aiuteranno alle urne. Dal momento che chi ricopre una certa carica non ha altro da offrire se non l'approvazione di leggi, le sue promesse pre-elettorali rappresentano un impegno futuro quando sarà investito da quella carica. Ma i cittadini patrioti che entrano nell'accordo non sono interessati al potere politico; ciò che vogliono è un vantaggio economico che il potere politico può conferire loro. Sono interessati a finire sul libro paga del settore pubblico, ai franchise, ai lavori e ai contratti pubblici, alle elargizioni sociali, e così via.

Questa pratica di comprare voti con i favori politici è intrinseca al governo popolare. È la debolezza della democrazia. Non è tanto dovuta alla depravazione del politico, piuttosto alla fame umana di qualcosa in cambio di nulla.

Tuttavia questa debolezza della democrazia è pericolosa in base alla cospicuità della ricchezza dei cittadini che il governo centrale ha a disposizione.

Prima del 1913 il governo americano era comparativamente povero e la politica era corrispondentemente limitata nello scopo. Quando il governo centrale ha acquisito il potere di confiscare la ricchezza nazionale, la corruzione era limitata dalle opportunità che avrebbero permesso di confiscarla. Ad oggi la confisca equivale ad un terzo della produzione della cittadinanza; un sacco di ricchezza con cui comprare voti. E così, man mano che il Sedicesimo Emendamento ha gradualmente raggiunto il suo scopo, l'attenzione dei politici s'è rivolta sempre di più alla "compravendita di voti". La dipendenza della macchina politica statale dai fondi del governo federale non è priva di obblighi: sostenerne e assecondarne le politiche e gli scopi. Se un governatore chiede o accetta una sovvenzione scolastica, non può obiettare sui curriculum o sui libri di testo "raccomandati" dal Dipartimento dell'Istruzione. Ed un membro del Congresso che cerca di diventare un intermediario tra i suoi elettori ed il Tesoro degli Stati Uniti, probabilmente voterà per qualsiasi programma il governo centrale voglia. Anche un sindaco potrebbe ritenere politicamente sconveniente rifiutare un sussidio immobiliare offerto dal governo federale. I fondi a disposizione di Washington permettono alla sua burocrazia di persuadere i politici locali che non collaborano, a far fare loro propaganda a suo nome e contro i politici locali indipendenti; è un fatto noto che la burocrazia di Washington abbia imbastito una gigantesca macchia di propaganda.

Così ogni dollaro federale speso in uno stato diventa un fardello per lo stato stesso. Tale fardello viene ripagato cedendo sovranità; lo stato vende la sua indipendenza. Tutto viene fatto senza cambiare la legge, senza alcuna modifica alla Costituzione ed è tanto impercettibile quanto l'addomesticamento di un cavallo selvaggio.

Ogni tanto, però, questo asservimento viene alla luce quando il governo di uno stato afferma la sua indipendenza. Infatti quando la legislatura dell'Indiana, durante l'amministrazione Truman, decise di rendere pubblica la corruzione riguardante la distribuzione di denaro pubblico, il governo federale mostrò i denti; minacciò di ritirare il suo contributo del cinquanta percento ai fondi dell'Indiana se quest'ultimo non avesse desistito. Questo palese attacco alla sovranità di un membro dell'Unione finì sulla bocca di tutti. Probabilmente nessuno saprà quanta pressione viene fatta sul governo di uno stato (attraverso favori estesi ai politici locali) affinché si sottometta alla dominazione federale.

Questa centralizzazione del potere, temuta dai Padri Fondatori ed arginata attraverso le salvaguardie costituzionali, è stata resa possibile solo dalla tassazione sui redditi. Questa è la bomba atomica che ha praticamente distrutto l'Unione. Ma si potrebbe dire che il Sedicesimo Emendamento venne ratificato anche dalle legislature statali; non sapevano che si stavano auto-sabotando? Forse no. La maggior parte degli stati era povera ed invidiosa di quelli in circostanze migliori, e tutti vedevano nel Sedicesimo Emendamento un modo per "spennare i ricchi".

Per alcuni anni successivi all'approvazione dell'Emendamento sette stati dell'Unione pagarono più tasse sui redditi al governo federale di quanto ottennero indietro sotto forma di favori; gli altri quarantuno staccarono un "profitto". L'avarizia venne quindi scoraggiata. A quanto pare un abitante del Mississippi non vede immoralità nel forzare un abitante della Pennsylvania a supportare la sua economia. Il suo orgoglio potrebbe frenarlo dall'accettare un dono dal suo vicino, ma non gli viene in mente la stessa cosa quando si tratta di uno "straniero".

Quindi una coalizione congressuale rappresentante gli stati poveri, e tenuta insieme dalla cupidigia, fece pressione affinché potesse ottenere soldi dai sette stati ricchi. Inutile dire che tale proposta di legge venne etichettata come "interesse pubblico". Secondo questo ragionamento i profitti di New York dovevano forzatamente finire in Arizona o Montana. A parte ciò il beneficiario immediato dei doni federali è il politico che li sollecita, ed il beneficiario ultimo è la burocrazia federale. Tutti gli altri perdono.

Oggi ogni stato dell'Unione paga più tasse sul reddito di quello che riceve indietro. Il Sedicesimo Emendamento conferisce al governo federale il potere di tassare i redditi "da qualsiasi fonte essi derivino". Questo include i redditi dei cittadini negli stati più poveri ed il governo federale deve trovare il modo di tassarli.
Ma il fatto che ogni stato sia ormai un perdente, dà loro l'interesse comune a ripudiare l'Emendamento.

Tutti loro hanno un motivo economico per alzare lo stendardo dei Diritti degli Stati e ristabilire la loro sovranità; tutti loro trarrebbero beneficio ad abrogare l'imposta sui redditi. Due volte nella storia del Paese la dottrina dell'autogoverno è stata chiamata in causa per portare avanti un movimento secessionista, ed ogni volta il motivo era economico. Nel 1814, quando la flotta inglese non aveva fatto altro che rovinare l'industria ed il commercio del New England, i delegati di questi stati si incontrarono per discutere metodi e modi, senza escludere una secessione dall'Unione. Ciò che venne fuori dalla Hartford Convention deve rimanere una congettura, poiché la "guerra di Madison" venne proclamata prima che potesse aver luogo la seconda riunione.

La rinnovata attività economica mandò in letargo la dottrina. I Diritti degli Stati sono diventati l'urlo di guerra del Sud solo perché i seminatori sentivano la presa dei dazi protezionistici. Nessuno avrebbe mai sentito parlare di annullamento e secessione, e certamente non di guerra, se fosse stata ascoltata l'arringa di Calhoun per dazi più bassi – o se il governo centrale avesse "comprato" i seminatori con prezzi di parità, cosa impossibile data la mancanza di una imposta sui redditi. Dopo che la guerra distrusse l'interesse economico che l'aveva ispirata, i Diritti degli Stati furono di nuovo rimandati in letargo.

I fuochi della libertà sono attizzati dalla volontà di essere liberi. Non è solo la promessa di cibo che spingerà le persone a rompere le loro catene, ma la speranza che potranno ottenere la dignità di individui rispettosi di sé. Senza l'idealismo una rivoluzione non è altro che una lotta tra bande. Ciononostante ogni lotta per la libertà è stata capeggiata da un gruppo che, sebbene spinto da nobili propositi, aveva in mente un certo obiettivo economico immediato; poteva anche non essere un vantaggio personale a spingerli ad agire, o poteva essere il miglioramento delle condizioni generali, ma in ogni caso c'era un motivo economico. Né le persone ordinarie si buttano a capofitto in una battaglia di liberazione a meno che non ne valga davvero la pena. Oggi non c'è alcun gruppo economico sufficientemente turbato dall'imposta sui redditi da fare qualcosa a riguardo. Dall'altro lato un cospicuo numero di americani, e in particolare coloro che hanno l'intraprendenza di prendersi cura di sé in ogni condizione, ha cercato di salire sul treno dell'imposta sui redditi e impedire una sua fine.[22]

---

22 Un esempio di come il governo federale abbia costruito un interesse legittimo sulle tasse sui redditi è il caso della Recostruction Finance

Le cose vanno abbastanza bene per loro, talmente bene da essere ciechi in relazione agli effetti ultimi dell'imposizione sui redditi sul benessere della loro prole, sul futuro del loro Paese. Per loro l'imposta sui redditi è stata una manna.

Per esempio, la fratellanza delle banche non è eccessivamente disturbata da un'alta tassazione sui redditi; queste garanzie potrebbero non valere tanto se venisse abrogato il Sedicesimo Emendamento.[23] Neanche gli industriali che si affannano per raccogliere le regalie del governo centrale non hanno ragioni per denigrarla.

Corporation. Questa agenzia, messa in piedi dall'amministrazione Hoover su base "temporanea", concede prestiti a quelle compagnie che possono provare che le istituzioni finanziarie private possono rifiutare le loro applicazioni; cioè, compagnie che non sono abilitate a ricevere prestiti, in base alle loro dichiarazioni finanziarie o alle loro performance. Nel 1950 circa 14,000 di queste compagnie presumibilmente non sicure ha ottenuto fondi dalla RFC; i cittadini degli Stati Uniti sono stati costretti a concedere prestiti a persone di cui le banche non si fidavano. Ovviamente i mutuatari sono stati grati per questa manna. Il Sedicesimo Emendamento ha reso possibile tutto ciò. Successivamente il Congresso ha sostituito la RFC con la Small Business Loan Corporation.

23 Val la pena commentare la condizione delle banche, a causa dell'importanza di queste istituzioni per l'economia generale. Le banche, nel complesso, detengono obbligazioni sovrane pari a circa il sessanta percento dei loro attivi. Un calo significativo del valore di questi asset potrebbe spazzare via il loro bilancio e metterle in una posizione d'insolvenza. L'abrogazione della tassazione sui redditi influenzerebbe di certo il valore di queste obbligazioni. Le banche non potrebbero permetterselo. Inoltre si trovano nella posizione particolare di non potersi rifiutare di comprare suddette obbligazioni, perché un tale rifiuto significherebbe mettere in difficoltà la solvibilità del debitore principale e di conseguenza la loro di solvibilità. Quindi le banche sono scivolate nella posizione di dipendenza e sottomissione nei confronti del Tesoro degli Stati Uniti; alla fine costituiscono la banca del governo centrale.

Né gli agricoltori hanno alcun interesse a mettervi fine dal momento che grazie alla tassazione sui redditi ottengono supporto per la loro produzione. I professori universitari i cui salari dipendono dai sussidi statali, i veterani le cui entrate vengono aumentate dalle elargizioni del governo centrale, i dentisti che tolgono denti a spese del governo centrale, due milioni e mezzo di persone a libro paga del settore pubblico – probabilmente metà della popolazione americana è totalmente o in parte dipendente dalle tasse sui redditi per vivere, quindi vorrebbe che questa abitudine continuasse e sebbene si lamentino della parte che devono sborsare, non vorrebbero che questa situazione mutasse.

Tra tutti questi beneficiari della tassazione sui redditi ci sono persone che non possono rappresentare lo zoccolo duro di una rivolta contro di essa. Ma col tempo lo diventeranno, perché non passerà molto prima che i vantaggi vengano sorpassati dalle tasse che dovranno pagare; ciò che il governo centrale "prende", aumentando in percentuale, alla fine spazzerà via i benefici per tutti coloro che fanno parte di questa ridistribuzione.

Quando se ne accorgeranno, scopriranno di essere stati derubati non solo della loro proprietà, ma anche della loro libertà, e quindi accenderanno la miccia. Nel frattempo sono contenti di mantenere le mani nel barattolo di miele pubblico.

Quella parte di popolazione che non ottiene alcun vantaggio dalla tassazione sui redditi – ovviamente il governo centrale non può sovvenzionare chiunque – è troppo preoccupata di sbarcare il lunario.

Se dovesse apparire una leadership che spiegherà come l'abolizione del Sedicesimo Emendamento farà scomparire anche il sostituto d'imposta, come il cameriere non dovrà più spartire le sue mance con l'esattore delle tasse, come il droghiere non dovrà più assumere un commercialista per non andare in prigione, come la moglie non dovrà più pagare in nero la colf per aggirare la legge, allora una folta folla si unirà.
Il solo gruppo che può fornire una tale leadership sono i governatori ed i legislatori dei singoli stati.

*R*ipudiare le tasse federali sui redditi non solo ristabilirebbe la loro importanza e dignità, ma permetterebbe ai singoli stati di incrementare le loro entrate e fornire servizi migliori tanto richiesti dalla cittadinanza. Questi stati tornerebbero in affari meglio di prima.

Inoltre un qualsiasi cambiamento nella Costituzione è ancora una prerogativa degli stati. Se i tre quarti dei membri dell'Unione chiede un emendamento (o ne richiede l'abrogazione), il Congresso deve approvarlo; la firma del Presidente non è necessaria. Di conseguenza l'iniziativa deve essere degli stati.

L'abrogazione del Sedicesimo Emendamento significherebbe secessione dei quarantotto stati da Washington – ed un ripristino dell'Unione.

Capitolo 11: Per amor di libertà

L'abrogazione del Sedicesimo Emendamento non sarebbe una riforma; sarebbe una rivoluzione.

Una riforma rappresenta un cambiamento procedurale, un'alterazione nel rituale legale che non influenza il centro del potere politico. Una rivoluzione, dall'altro lato, che sia condotta con la violenza o con metodi più ortodossi, rappresenta un trasferimento di potere da un gruppo ad un altro. Un'elezione è *de facto* una rivoluzione, ed è un colpo di stato o una guerra tra bande simile a quella che si vede per le strade. L'essenza della rivoluzione è un cambiamento nell'incidenza del potere.

Le rivoluzioni significative della storia sono state quelle che o hanno rafforzato l'establishment politico o hanno trattenuto parte del suo potere. La rivoluzione bolscevica del 1917 fu una grande operazione, perché sostituì uno zarismo debole e decadente con la macchina più potente che il mondo avesse mai visto; non c'era più potere sociale in Russia dopo che i bolscevichi presero il potere. Poi ci fu la rivoluzione che portò alla Magna Carta, uno strumento che privava la Corona di alcune delle sue prerogative.

La rivoluzione americana è stata unica nella storia, non perché spodestò un dominio estero, cosa già fatta in passato, ma perché rese possibile l'istituzione di un governo basato su un principio nuovo e mai provato fino a quel momento: il governo non ha alcun potere eccetto quelli garantiti dai governati. Questo fu un cambiamento che non era mai avvenuto prima.

Una nuova rivoluzione americana venne iniziata nel 1913, quando il governo centrale venne investito del potere di confiscare la proprietà privata. L'emendamento non venne presentato come una rivoluzione, e pochi lo indicarono come tale, ma il fatto è che, come hanno mostrato gli eventi, questo potere sull'economia del Paese mise nelle mani del governo americano un mezzo per liquidare la sovranità della cittadinanza.

Di conseguenza con una tassazione sui redditi abbiamo ora un governo centrale con più poteri di Giorgio III. È autosufficiente, indipendente dalla volontà delle persone. Le elezioni non alterano questo fatto; queste sono solo cambiamenti periodici della guardia. Chiunque venga eletto conserva il potere conferitogli dalla carica e, come al solito, cerca di aumentarlo. Lo scopo è la liquidazione di tutti i poteri sociali e l'avvento di un regime di assolutismo.

Questo fatto, e non potremmo ripeterlo mai abbastanza, è stata una conseguenza della tassazione sui redditi. Il cittadino è sovrano solo quando può conservare e godere dei frutti del suo lavoro. Se il governo centrale ha la precedenza sulla sua proprietà, deve imparare a genuflettersi. Quando viene abrogato il diritto alla proprietà privata, vengono indeboliti tutti gli altri diritti dell'individuo, e parlare di un cittadino sovrano che non ha nessun diritto assoluto alla proprietà è assurdo. Sarebbe come dire che lo schiavo è libero perché gli è permesso di fare qualsiasi cosa voglia (anche votare se lo desidera) eccetto possedere ciò che produce.

La proposta di abrogare il Sedicesimo Emendamento è una proposta per ristorare la sovranità del cittadino americano.

Giusto per usare un termine moderno, è una proposta contro-rivoluzionaria, poiché vuole ridare alla società quel potere che l'Emendamento ha dato al governo centrale. A giudicare dalle lamentele sulle tasse sui redditi, si direbbe che la misura è piena e c'è solo bisogno di una leadership per accendere la miccia. La ferocia è particolarmente accentuata tra i lavoratori e le casalinghe, professionisti e piccole imprese; i grandi industriali, i banchieri e gli interessi commerciali, per le ragioni sopraccitate, non hanno motivo di abrogarlo. Ma se questa insoddisfazione possa essere incanalata in un movimento dinamico dipende dalla causa alla base: è economica o spirituale?

Non c'è bisogno di dimostrare che il Paese, la gente, starà meglio se verrà abrogata la tassazione dei redditi. Ma nessun movimento che poggia solo su basi economiche convincerà le persone ad agire; un movimento così orientato sarà "comprato".

A meno che gli americani non vogliano essere liberi, a meno che non vogliano mettere la loro tradizione di libertà in cima a tutto quanto, il Sedicesimo Emendamento resterà nella Costituzione finché non distruggerà sia la tradizione che la civiltà che ne è emersa.

È consueto identificare la tradizione americana con la Dichiarazione d'Indipendenza. Tuttavia la Dichiarazione articolava in forma scritta ciò che s'era sviluppato lungo un sentiero di pensiero. Divenne l'ethos americano. John Adams, scrivendo nel 1818, disse: "La rivoluzione era nei cuori degli uomini"... c'era entrata "prima che cominciasse la guerra".

Ovvero, quando Jefferson scrisse dei "diritti inalienabili" si limitò semplicemente a mettere per iscritto ciò che sentivano istintivamente gli americani. Si opponevano alla Corona inglese perché non potevano fare altrimenti.

Quando proviamo a definire il cosiddetto "americanismo" è necessario guardare alle nostre origini. La caratteristica speciale che questo Paese può rivendicare, è l'inclinazione alla libertà che è stata acquisita, e non ereditata, poiché gli americani erano tanto eterogenei quanto i loro avi. Gli antenati non hanno dato loro nulla che non avessero i popoli d'Europa. Hanno dovuto conquistarsi la libertà e per questo ci tenevano fortemente.

Quando hanno dovuto istituire un establishment politico, gli americani possedevano abbastanza buon senso da non fidarsi. Avevano appreso – senza l'aiuto di libri di testo in scienza politica – che il governo centrale cerca di derubare l'individuo della sua libertà. Di conseguenza, pur riconoscendo la necessità di un governo per tenere le cose in ordine durante la vita quotidiana, erano restii a concedergli carta bianca; doveva avere le mani legate. La Costituzione rappresentava, per tal ragione, la sfiducia nel governo centrale.

La Costituzione era il sarto degli americani; era stata intessuta col loro modo di pensare. Tale punto venne sottolineato da uno dei suoi creatori, il governatore Morris, quando era Ministro della Francia durante il regno del terrore. "I francesi", scrisse, "vogliono una Costituzione americana senza che rifletta il fatto che non ci sia una cittadinanza americana a supportarla". Nella nostra Costituzione originale mancava un "pezzo" che sarebbe stato cruciale.

Il pioniere arguto sapeva che il potere del governo centrale è proporzionale alle sue entrate, ed era pertanto favorevole a tagliarle fino al midollo; in questo modo sarebbe rimasto al guinzaglio.

L'unica cosa che gli avrebbe concesso erano i dazi sulle importazioni. Però, come sottolineò anche Hamilton, i dazi non potevano produrre abbastanza da pagare le spese in cui incappava, quindi a malincuore gli avrebbe concesso anche l'imposizione di accise. Più di questo non gli avrebbe concesso, e nella Costituzione finirono solo i dazi e le accise.

Di sicuro nella Costituzione non ci finirono tasse sui redditi. Era una cosa impensabile. Una popolazione che si era da poco ribellata per tasse meno onerose difficilmente avrebbe sopportato un'imposta sul reddito. Conoscevano la loro libertà.

L'abrogazione di quest'ultima ha le radici nella tradizione americana. Se ci sono ancora abbastanza americani che pensano che il governo migliore è quello che governa meno, se tra di noi c'è un gruppo disposto a sacrificare le proprie fortune, la propria vita ed il proprio onore per la libertà, allora suddetta abrogazione una una possibilità d'avverarsi. Se, dall'altro lato, le abitudini nate a seguito dell'imposta sul reddito hanno completamente offuscato la tradizione americana, allora qualsiasi sforzo per ripristinare la sovranità dei cittadini sarà futile.

Non è mai troppo tardi per iniziare a combattere per la libertà. Proprio adesso, anche in America, la prospettiva d'iniziare una tale lotta non è promettente. Non che l'obiettivo non sia raggiungibile, ma l'interesse nella libertà è molto basso.

Ciò di cui la maggior parte delle persone è preoccupata è la "sicurezza"; tutti sembrano affannarsi a cercare di catturare questo fuoco fatuo, ignari del fatto che questo obiettivo è impossibile da raggiungere perché non esiste. Non esiste un qualcosa come la "sicurezza"; è un miraggio germogliante dal desiderio profondo dell'uomo di qualcosa in cambio di niente. Il governo centrale, che vive e prospera sul potere, incoraggia a credere nel "vitello d'oro", cosicché possa derubare gli adoratori auto-ipnotizzati della loro ricchezza e dignità. Non serve un grande acume per capire che ciò che esce fuori dalla cornucopia del governo deve essere sostituito col lavoro. La passione nazionale è per le elargizioni statali, non importa quale sia il costo. La libertà, la quale premia l'autonomia, è scarsamente richiesta. Perché combattere per essa?

I cittadini ordinari, la cui preoccupazione principale è incarnata nei problemi dell'esistenza, non hanno intenzione di mettersi contro lo Stato benevolo; sono ben disposti a lasciargli carta bianca. Anche quegli americani che si presume abbiano capacità superiori a quelle dei loro simili sono disposti a mettere sotto i piedi la loro autostima. L'imprenditore la cui attività non esisterebbe senza prestiti statali o appalti statali, è più che disposto a fare pace con la normativa statale. Fintanto che le obbligazioni sovrane rendono un interesse, il banchiere non discuterà l'interventismo statale. L'agricoltore non obietterà l'invadenza di un agente federale che gli concede regalie, e il professore che vive di sussidi scriverà libri lodanti lo Stato.
Chi vuole la libertà?

In queste circostanze chi ritiene degna di valore la libertà, chi sa che perdere l'interesse nella libertà è sinonimo di decadenza nazionale ed individuale, è afflitto dalla disperazione.

Troppi si sono rassegnati a quello che definiscono l'inevitabile. Lasciate che il Paese sia invaso dal socialismo, dicono, non val la pena di combattere una battaglia persa in partenza. L'essere umano può regredire allo stato di animale se ciò che desidera veramente è un pasto e un amico; gli americani non sono diversi da qualsiasi altro popolo in passato che ha scambiato la propria anima per un po' di zuppa. Anche loro scopriranno che la sola "sicurezza" è quella fornita da un istituto penale, ma col tempo scopriranno che si sono adattati a vivere in una prigione. Dopo un secolo o due di questa vita, arriverà un Mosè che ricorderà loro che sono esseri umani, ed inizierà un nuovo esodo verso la libertà. In quel momento questi profeti di sventura sosterranno che, e a ragion veduta, lo Stato stesso sarà in una condizione precaria ed incapace di fermare l'esodo. Una manciata di persone risolute lo rovescerà facilmente.

Evidenze storiche supportano questa tesi. Ogni civiltà ha seguito lo stesso percorso. All'inizio nasce e prospera sotto lo splendore della libertà, nonostante sia povera. Un qualche tipo di governo, poi, si impone sulla società, ma a causa della mancanza generale di beni, questo governo rimane quiescente e addirittura si limita solamente a mantenere l'ordine.

Ma il desiderio dell'umanità rimane sempre quello di emanciparsi dalla povertà, e mentre tale desiderio migliora le sue circostanze e amplia i suoi orizzonti, rappresenta nel contempo la sua condanna. Non appena appare sulla scena un'abbondanza generale, si infiamma la passione per il potere e l'establishment politico cambia il suo atteggiamento; cambia gradualmente la sua posizione da istituzione protettrice ad istituzione predatoria. Impone tasse.

E più l'economia in generale migliora, più saranno pesanti le imposizioni fiscali, sempre, ovviamente, per il "bene comune". Così era al tempo di Cesare e così è anche adesso.

Il benessere generale non viene migliorato da un fardello crescente di tasse. Al contrario, l'ascesa della civiltà viene tanto più ritardata quanto sono le tasse, e quando raggiungono il punto in cui scoraggiano la produzione, la parabola della civiltà affronta la sua fase discendente.

Giusto per ritornare ai primi principi, l'obiettivo dello sforzo produttivo è il consumo; le persone lavorano per soddisfare i propri desideri e basta. La loro avversione al lavoro è rimarcata dal fatto che inventano macchinari che fanno risparmiare tempo e lavoro. E meno lavoro svolgono in un campo, più possono indirizzarlo nella gratificazione di nuovi desideri, di cui la mente umane sembra un pozzo senza fondo. Al contrario, quando il risultato dei loro sforzi viene sottratto loro, quando la prospettiva del possesso viene diminuita, perdono interesse nel produrre. Perché lavorare quando non ne vale la pena? E questo disinteresse nella produzione emerge se l'incertezza della proprietà è causata da banditi di strada o esattori delle tasse. Il nome o l'uniforme non fa alcuna differenza per coloro privati della loro legittima proprietà; non vedono vantaggi nel provare a migliorare le proprie circostanze, nell'ampliare i loro orizzonti; il loro interesse diventa la mera esistenza. È così che una civiltà cade in declino.

Quando di fronte a questa situazione, lo Stato rinuncia? No. La mancanza generale d'interesse nel produrre minaccia la sua stessa esistenza, ma non riesce affatto a liberarlo dal suo atavico desiderio di potere.

Fa uso della forza per stimolare la produzione da cui può ricavare tasse. Confisca e prova a gestire l'intera economia con regole, normative e controlli; la nazione diventa un campo di lavori forzati. Ma la produzione di un'economia che si basa sulla forza piuttosto che sull'interesse personale è scarsa. Più importante della mancanza di produzione è la psicologia da schiavi indotta da un simile ambiente. Le persone perdono la loro capacità di auto-migliorarsi insieme al loro senso di dignità individuale. Di conseguenza la civiltà si sgretola e diventa una curiosità storica o archeologica. Lo Stato, ovviamente, cade a pezzi insieme alla civiltà.
Anche la nostra civiltà seguirà lo stesso destino?

Ci sono profeti che dicono di sì. Per circa tre secoli, sottolineano, la moderna civiltà conosciuta come America ha prosperato sotto i raggi della libertà; ora sta entrando nel solito regime di assolutismo. La fine è in vista, e la fine, dicono, arriverà molto più in fretta di quella che, ad esempio, colpì la civiltà di Roma, semplicemente perché i miglioramenti tecnologici accelereranno il processo. Ci muoviamo molto più in fretta al giorno d'oggi, anche verso il nostro declino. L'evento che fungerà da catalizzatore al collasso della libertà in America, e la civiltà che è cresciuta su di essa, sarà la prossima guerra mondiale; lo Stato confischerà, per paura d'essere annientato dal nemico, tutto il potere sociale rimanente. Dopo la guerra, come al solito, non cederà il potere che ha confiscato – infatti il popolo frastornato ed impoverito insisterà che lo Stato conservi tal potere e lo usi per il "bene comune" – e in poco tempo anche l'ultimo brandello di libertà verrà smarrito.
Forse le cose andranno così. Forse la nostra civiltà deve obbedire alle forze "ineluttabili" della storia; forse è sulla toboga adesso.

Tuttavia le persone fanno quello che la loro natura dice di fare, non quello che ordina la storia. Le stelle in cielo seguono il loro percorso eterno, mentre noi mortali dobbiamo viaggiare lungo orbite nostre. Non è stato un imperativo storico che ha guidato le penne di coloro che hanno firmato la Dichiarazione d'Indipendenza; era una forza interna. All'epoca c'erano parecchi che liquidavano la rivoluzione come un'avventura dissennata, dalla quale non sarebbe potuto derivare alcun bene a differenza invece di un compromesso con Re Giorgio; se fossero vivi oggi potrebbero puntare al Canada a sostegno della loro tesi.

Tuttavia i ribelli, nessuno dei quali guidato da necessità economiche, si lanciarono in quella che sembrava all'epoca una condanna a morte sicura. Perché? In mancanza di una risposta migliore, diciamo che erano fatti in quel modo e non potevano agire altrimenti. Che si siano forze mistiche o no che spingono le persone lungo sentieri da cui non c'è scampo, è una questione del tutto opinabile. La cosa sicura è che in tutta la storia le persone hanno sempre cercato di raggiungere la libertà, missione molto spesso identificata nella sua leadership. È una conclusione logica, quindi, che quando le persone di un tale retaggio fanno la loro comparsa, la ricerca della libertà diventa una causa ambita con veemenza. Forse l'attuale mancanza di libertà in America è dovuta all'inesistenza di una leadership.

Se, per esempio, coloro che cianciano di "libera impresa" fossero disposti a rischiare la bancarotta per essa, così come gli uomini della Dichiarazione d'Indipendenza rischiarono i loro colli, l'attuale percorso verso la collettivizzazione del capitale non avrebbe vita facile.

119

Presumendo che siano pienamente consapevoli delle implicazioni del termine che usano, e sono sinceri nelle loto intenzioni, il fatto che non siano disposti a soffrire la mortificazione della carne li squalifica dal ruolo di leadership, e la causa della "libera impresa" è senza speranza.

Lo stato penoso in cui langue la libertà oggi in questo Paese è dovuto ad una mancanza di buona leadership – persone che sanno cos'è davvero la libertà e che non la comparano ai loro "standard di vita". Che una leadership possa evitare, o al limite fermare, il viaggio verso il socialismo, è una questione su cui dibattere; quello che è fuori discussione è che una gloriosa battaglia per la libertà potrebbe ancora ravvivare la scena americana. Che la lotta per la libertà abbia successo è meno importante della lotta stessa. La combattività nello spirito di coloro che la porteranno avanti sarà essa stessa una vittoria, poiché terranno alti i valori che hanno reso l'America un luogo migliore in cui vivere.

Non è possibile dire da dove verranno questi individui superiori, questi "agenti della natura", i quali riescono a modellare il corso dell'umanità. Vengono dal nulla e nessuno riesce a pronosticare il loro avvento. Ciononostante, ci sono. Quando la Natura dichiarerà l'America pronta e degna per la loro venuta, essa ci darà la benedizione di questi individui che combatteranno con ardore. È ragionevole dire che il loro primo obiettivo sarà l'Abrogazione del Sedicesimo Emendamento.

Note sull'autore e sul traduttore

Frank Chodorov

Frank Chodorov (New York, 15 febbraio 1887 – 28 dicembre 1966) è stato un politologo e saggista statunitense, membro della *Old Right*, un gruppo di ideologi libertari che erano miniarchici, contro ogni politica estera interventista, anti-imperialisti, e successivamente, oppositori del New Deal. Nel novembre del 1944, Chodorov fondò un mensile chiamato "Analysis", descritto come "una pubblicazione individualista - l'unica di questo tipo in America". Dopo aver riscontrato un buon numero di abbonati, si unì al settimanale "Human Events" nel 1951. Nel 1953, Chodorov fondò la "Intercollegiate Society of Individualists", con William F. Buckley, Jr. nel ruolo di presidente. Negli anni successivi l'ISI divenne estremamente autorevole nelle pubblicazioni dei conservatori, e un ritrovo per gli intellettuali in America di questo spettro politico.

Francesco Simoncelli

Divulgatore e studioso della Scuola Austriaca d'economia, ha aperto il blog *Francesco Simoncelli's Freedonia* nel 2010 come approfondimento alle questioni economico/politiche analizzate secondo un'ottica Austriaca e libertaria. Dopo aver affinato le sue conoscenze frequentando i corsi della *Mises Academy*, ha visto pubblicati i suoi articoli anche su siti con notevole risonanza nell'ambito dell'informazione economica.

Autore dei libri *L'economia è un gioco da ragazzi*, *La fine delle fallacie economiche* e *Il Grande Default*; traduttore dei libri *Imposta sul reddito: la radice di tutti i mali*, *L'ascesa e la caduta della società* e *Il fallimento dell'economia keynesiana*. Nel 2012 partecipa alla fondazione dell'Associazione Von Mises Italia. È stato community manager per Melis Wallet e membro del Comitato Scientifico di Bcademy. Dal 2021 è community manager per Satoshi Design. Dal 2013 al 2016 ha collaborato col magazine online *The Fielder*, per cui ha scritto articoli di economia e finanza.

Sito web: https://www.francescosimoncelli.com/

email: *fsimoncelli85@gmail.com*